GENERA CAMBIOS Y CONSTRUYE TU ÉXITO

Edición: Carolina Genovese
Coordinación de diseño: Marianela Acuña
Diseño: Julián Balangero

© 2019 Fernando Hernández Avilés
© 2019 VR Editoras, S.A. de C.V.
www.vreditoras.com

México: Dakota 274, colonia Nápoles
C. P. 03810, Del. Benito Juárez, Ciudad de México
Tel.: 55 5220 6620 • 800 543 4995
e-mail: editoras@vreditoras.com.mx

Argentina: Florida 833, piso 2, oficina 203 (C1005AAQ), Buenos Aires
Tel.: (54-11) 5352-9444
e-mail: editorial@vreditoras.com

Primera edición: marzo de 2020

Todos los derechos reservados. Prohibidos, dentro de los límites establecidos por la ley, la reproducción total o parcial de esta obra, el almacenamiento o transmisión por medios electrónicos o mecánicos, las fotocopias o cualquier otra forma de cesión de la misma, sin previa autorización escrita de las editoras.

ISBN: 978-987-747-613-2

Impreso en México en Litográfica Ingramex, S. A. de C. V.
Centeno No. 195, Col. Valle del Sur, C. P. 09819
Delegación Iztapalapa, Ciudad de México.

GENERA CAMBIOS Y CONSTRUYE TU ÉXITO

FERNANDO HERNÁNDEZ AVILÉS

VR EDITORAS

Índice

INTRODUCCIÓN

INTRODUCCIÓN

Al escribir este libro para ustedes, me vinieron a la mente los recuerdos de todas esas ocasiones en las que la gente a mi alrededor, de una u otra forma, me hablaba de lo complicado o imposible que era tratar de cambiar algo.

Todos escuchamos alguna vez sentencias rotundas como "la gente no cambia", "ya estás demasiado viejo para cambiar", "concéntrate en lo que tienes ahora y no te distraigas con cosas que quizá no vas a lograr", "para cambiar necesitas mucho tiempo y recursos que no tienes", "ya madura y no te ilusiones con cambios y fantasías", "si fuera tú, dejaría todo tal como está". Y así aparecían, una tras otra, muchas expresiones que me recordaban lo arriesgado de hablar de la idea de buscar un cambio.

Después de un tiempo, entendí y aprendí que la negativa al cambio es un tema cultural, y que la decisión de cambiar es una convicción personal. Tu entorno, la gente y la cultura de donde vienes y donde estás, no la vamos a cambiar. Pero a ti y a la forma de lograr el éxito en tu vida, claro que sí.

Esa es una de las metas principales de este libro que tienes en tus manos: **que aprendas a generar cambios y construir éxitos en todos los aspectos de tu vida, centrándote en aquello en lo que sí puedes influir, ¡en tu persona!** Y no importa la edad, momento o situación que estés viviendo. Mientras tu corazón lata, tu mente sueñe y tus manos hagan, podemos trabajar de forma ordenada y precisa, hasta convertir lo imposible en realidad.

Pero te anticipo que no se trata de una lectura en donde yo soy el personaje que te dice qué hacer. Aquí y, desde el primer capítulo, tú eres el protagonista y hacedor de cambios. Yo te acompañaré en el proceso para que juntos realicemos una serie de experiencias que te permitan entender las bases del cambio. Pero, sobre todo, que puedas ponerlas en práctica de inmediato. Por eso te recomiendo que consigas una libreta que te guste y un bolígrafo que, junto con *Genera cambios y construye tu éxito*, se convertirán en tus recursos y aliados más importantes de aquí en adelante.

Todo cambio nace, vive y es posible desde el momento en el que piensas cómo convertirlo en realidad. Eso es justamente lo que descubriremos paso a paso en este libro, por medio de la puesta en acción de tus recursos internos, de un kit de herramientas esenciales que aprenderás a organizar y de la experiencia de otras personas que compartirán sus propios cambios contigo. También encontrarás un espacio en que podrás hacerte las preguntas adecuadas para avanzar en tus procesos y frases motivadoras que te animarán en cada desafío.

Recuerda que no existe mejor momento para empezar una transformación que el instante en el que das el primer paso. ¿Estás listo para cambiar de hoja, tanto en el libro como en tu vida?

¡Avancemos juntos!

CAP 1

QUIERO UN CAMBIO

KIT ESENCIAL

1. Es importante que desees cambiar y crecer, aun cuando estés bien en tu situación actual.

2. El cambio y la colaboración con otras personas son dos pilares de tu aprendizaje y desarrollo como ser humano.

3. No desesperes si no sabes por dónde empezar el cambio. Es más común de lo que crees.

4. Tu equipo mental, físico y emocional siempre está listo para el cambio.

5. **CONSEJO:** todos los cambios, aun los más grandes, inician por una pequeña y realizable acción. No dudes en dar ese primer paso.

USO MIS RECURSOS

OBSERVA. Empieza a prestarles atención a los detalles de tu persona y de lo que te rodea. Examina cómo te sientes con lo que tienes, cómo te ves con lo que proyectas, qué pasa a tu alrededor. Conoce a fondo lo que te interesa, pon toda tu atención en analizar lo que haces, entiende cómo funcionan los procesos al punto de poder anticipar qué pasaría si modificas o mueves algo. Debes conocer cómo reaccionas ante ciertas experiencias, personas y resultados. Entrénate para ver más allá de lo que tus sentidos te muestran.

ETERNO MOVIMIENTO

El cambio es un compañero constante del ser humano. A veces, juega el papel de amigo y consejero y, en otras ocasiones, pareciera ser villano o incluso enemigo. Pero, sin duda, resulta ser el mejor maestro, impulso y oportunidad que podemos aprovechar para tener de nuestro lado. Lo valioso del cambio es que nos mueve de lo estático hacia lo dinámico, siempre adelante.

Por definición, el cambio representa la transición de un estado a otro. A nivel biológico y social nos lleva de la mano hacia la evolución y, desde el enfoque filosófico, nos muestra el camino para abandonar la permanencia y lo rígido.

La necesidad de cambiar es parte de nosotros, desde el momento mismo en el que estamos en gestación dentro de nuestra madre. Por eso es común que, aun cuando tengamos miedo a transformarnos, nuestra propia naturaleza nos empiece a pedir diferentes formas de cambiar, de aprender cosas nuevas, de modificar nuestro estado actual.

El cambio está presente en todas las etapas de nuestra vida. Nos acompaña desde el momento en el que brincamos de los brazos de nuestros padres para dar los primeros pasos, y hace que evolucionemos del primer balbuceo hacia el discurso más elaborado. **También nos ayuda en la trasformación de la relación con nosotros mismos y nuestro entorno.** Así, aprendemos a solucionar nuestros problemas diarios porque continuamente nos brinda nuevas experiencias, enseñanzas y herramientas, que forman parte de nuestro desarrollo.

Cuando somos niños, nuestra estructura psicológica y emocional va de la mano con el proceso de descubrimiento social y de nuestro entorno. Empezamos a ponerles nombres y sentimientos a las experiencias a medida que las vamos viviendo, y es muy común que nos concentremos en el aquí y ahora, razón por la cual no nos preocupamos por lo que viene o por lo que pasará, sino por vivir plenamente nuestro proceso de descubrimiento y cambio actual. Todo es novedoso y no existe una enseñanza repetitiva de las consecuencias de tal o cual acción. Nuestra experiencia se basa en el aprendizaje y se concentra en lo nuevo que aprendimos hoy. Vivimos en un cambio permanente pero somos puro presente y vamos paso a paso.

Cambiar es una opción que puedes o no elegir, como así también la manera de abordar esa transformación. La forma en la que vamos viviendo y haciendo crecer una relación de pareja; la manera en la que criamos a nuestros hijos; el tiempo, intereses y actividades que destinamos a nuestros amigos; la comunicación, cercanía y vínculos con nuestros familiares e incluso nuestros gustos, inquietudes y temores, siempre están cambiando de acuerdo al momento que estemos transitando.

CAMINOS SIN RECORRER

Como todo proceso, el cambio necesita claridad, conciencia, dirección, herramientas, habilidades y recursos para que suceda. También energía, fortaleza emocional y determinación, además de conocimiento y destreza para poder adoptarlo como algo realizable, a pesar de que puedan presentarse imprevistos o alguna situación no deseada en el camino. Pero, a su vez, requiere un entendimiento previo de que, en algún momento, más adelante, tendremos que evolucionar de nuevo, y pasar otra vez por este proceso de aprendizaje y redescubrimiento. Así es como el cambio hace su magia y nos lleva siempre a encontrar la mejor versión de nosotros mismos, en todos los sentidos.

Sin embargo, en ocasiones asociamos los cambios con la idea o creencia de que son malos o negativos, y que pueden exhibirnos, mostrarnos débiles o vulnerables, e incluso hacernos ver menos diestros o capaces de lo que realmente somos, y no es así.

Piensa por ejemplo en un conflicto con un ser querido. Es probable que a lo largo de esa relación te hayas encontrado en la necesidad de ceder, soltar o cambiar tu postura, opinión o conducta sobre un tema o situación en particular. Y es posible que te hayas preguntado: "¿por qué debo cambiar yo?, ¿por qué no cambia él o ella?, ¿por qué siempre tengo que ser yo quien da el primer paso?, ¿por qué tengo que ser yo quien se "sacrifique"?". Cambiar es una muestra de madurez y aprendizaje sobre ti mismo y tu forma de relacionarte con los demás, y no es signo de vulnerabilidad o flaqueza.

Los cambios son procesos que llevan su tiempo de acuerdo al objetivo o meta, cuentan con etapas de transformación, enseñanza, aprendizaje y adopción, claves para poder generar un avance sostenible de realización.

Es posible que, al principio, estos procesos no sean tan claros o que no sea muy visible su beneficio o utilidad. A veces, incluso, pueden llegar a ser complicados y desesperantes, pero justamente se debe a que el recorrido de estos nuevos caminos nos está mostrando descubrimientos y experiencias que quizá no imaginábamos que eran posibles.

Nos mostrarán nuevas formas de ver la vida, de interactuar con ella, de aproximarnos y hacerla nuestra como no lo habíamos hecho antes. Y es ahí cuando nos puede parecer que no podremos lograrlo.

De la misma forma que vamos avanzando y aprendiendo, depositamos y dejamos a cada paso diferentes cargas emocionales en los logros ya obtenidos. Y, en algún momento, nos resultará difícil la idea de abandonar el éxito ya conquistado y aventurarnos a ir por más. Porque en el proceso nos aferramos y no queremos dejar ir tan fácil aquello en lo que ya pusimos un sentimiento o sentido muy personal, creyendo incluso que no podemos superar esa sensación y obtener otra mejor.

El proceso de aprendizaje puede ser tan demandante que lo desconocido podría verse amenazante, generando cierto miedo en nosotros y en lo que pueda pasar. Es posible que reforcemos la idea de que estábamos mejor antes porque ya sabíamos perfectamente el funcionamiento de cada pieza y engranaje, y porque nos encontrábamos muy cómodos y seguros dentro de ese saber. Sin embargo, ese tipo de señales e inquietudes forman parte natural de todo cambio y transformación personal.

CAMBIAR PARA MEJORAR

Es sorprendente la relación que tienen los cambios de la vida con nuestra capacidad de aprendizaje y desarrollo individual. Entre más nos damos la oportunidad de cambiar, de hacer algo nuevo y diferente, de mejorar la forma en la que veníamos respondiendo ante los retos y oportunidades de nuestra vida, elaboramos nuevos caminos intelectuales, nuevos mapas de pensamiento, y también nuevas rutas y aproximaciones emocionales y sociales que nos podrán llevar a una verdadera transformación.

Si deseamos un cambio en nuestra vida es porque, como seres humanos, nos nutrimos de nuevas experiencias. Si hemos llegado al final de un camino o a la culminación de una meta, y estiramos de más nuestra estadía o permanencia en algún lugar, rutina o situación, en algún momento desearemos cambiar y, contrario a lo que pudiera pensarse y sobre todo temerse, estos cambios siempre están orientados a mejorar, a incorporar nuevos descubrimientos de nosotros y de lo que nos rodea.

Somos seres exploradores, conquistadores de nuevas experiencias y retos, que entendimos que estar estáticos y permanecer mucho tiempo inmóviles no nos enseña ni ayuda en nada. Nuestro sentido natural de adaptación está orientado a trascender y evolucionar permanentemente lo que somos.

En las historias, experiencias y emociones personales el cambio hace referencia a los diferentes procesos que vivimos para dar paso a ciclos nuevos. De esta manera, dejamos atrás la forma en la que veníamos entendiendo e interactuando con el mundo y nos ayuda a generar espacios de transformación de una etapa de nuestra vida a otra. Es por eso que nos regimos a partir de ciclos. Nos guiamos por el tiempo, por la emoción y los sentimientos que depositamos en cada uno de los acontecimientos de la vida.

Conforme vamos creciendo, las experiencias y aprendizajes son más exigentes, y nos demandan muchas más habilidades y conocimientos. Y a pesar de que a veces el cambio nos cuesta trabajo, pensamientos sofisticados y acciones más disruptivas, nuestro organismo está siempre listo. Estamos tan bien equipados para hacer un uso preciso de nuestras emociones ante lo nuevo, de nuestros recuerdos y enseñanzas para adaptarnos y apropiarnos de nuevas experiencias y sensaciones que, siempre que así lo decidas, podrás aprender nuevos pasos de baile, usar nuevas tecnologías y conocer nuevas personas. Tu capacidad de aprendizaje siempre será más poderosa que la idea o creencia de que ya lo conoces todo, ya lo viviste o algo no está hecho para ti. Nunca dudes de que todo tu ser está diseñado para ayudarte a cambiar y tener siempre una mejor versión de ti mismo.

LAS PREGUNTAS INDICADAS

A veces, dedicamos tiempo valioso de nuestra vida a buscar respuestas a las preguntas equivocadas. Por eso, debemos aprender a identificar y hacer las preguntas correctas, esas que nos acerquen realmente a nuestros objetivos. Para ello te invito a que respondas algunas preguntas que te ayudarán a visualizar si quieres un cambio, para qué y cómo puedes empezar a lograrlo.

- **¿Cómo te sientes actualmente con la persona que eres?**

- **¿Qué crees que pasaría si haces algunos cambios en tu vida?**

- **¿Qué crees que pasaría en tu vida en unos años si no modificas nada en tu presente?**

- **¿Qué aspectos de tu vida quieres cambiar? Ordénalos en base a tus prioridades.**

- **¿Qué esperas ser o tener luego de que produzcas esos cambios?**

COMPARTO MI EXPERIENCIA

"Quería cambiar de empleo y eso era lo único que tenía claro. El banco en el que trabajaba me había dado todo lo que tenía y una seguridad económica de la cual me costaba mucho desprenderme. La idea de irme me daba miedo, me paralizaba el simple hecho de pensarlo. Me sentía fracasado pero, al mismo tiempo, no sabía qué cambiar, por dónde empezar. Me preguntaba si estaba bien aventurarme a una transformación laboral tan drástica en esa etapa de mi vida. Nadie nos enseña cuál es el momento justo para realizar cambios. Tampoco todos los que nos rodean quieren acompañarnos en el proceso y eso genera malestar y sufrimiento. Muchos sabotearon mi decisión pero seguí adelante con lo que deseaba. Aposté a mi vocación de ser docente y no me equivoqué. Hoy puedo decir que he podido dar vuelta mi situación laboral haciendo algo diferente, que me gusta y tiene que ver conmigo y con mis intereses".

JUAN CARLOS, profesor universitario.

EJERCITO EL CAMBIO

Todo pensamiento y deseo de cambio o realización requiere disciplina, constancia y persistencia pero, sobre todo, acción y práctica. El primer ejercicio que te propongo realizar, siempre que desees emprender algo nuevo, es el siguiente:

1. Plan visual para comenzar el cambio:

a. En una hoja de papel, escribe en la parte superior la meta u objetivo.

b. Dibuja una línea horizontal de extremo a extremo. En un extremo escribe la fecha de inicio del plan y, en el otro, la fecha en la que cumplirás la meta.

c. Arriba de la línea escribe tres acciones reales a realizar, que te puedas comprometer a hacer para alcanzar tu meta.

d. Debajo de la línea escribe tres herramientas, recursos, personas o apoyos que necesitas para lograr la meta.

e. Conforme avances con la lectura de este libro, realiza nuevas anotaciones, añade más acciones, recursos y fechas intermedias para evaluar tu avance.

Con este plan le das a tu cerebro la capacidad de procesar y tener la información necesaria, clara y visible para ayudarte a lograrlo, y les brindas a tus emociones y sentimientos una certeza de realización.

UN VIAJE
DE MILES DE
ILÓMETROS
DEBE
COMENZAR

“UN VIAJE DE MILES DE KILÓMETROS DEBE COMENZAR POR UN SOLO PASO”. LAO TSÉ

Hasta el castillo más alto inició con una piedra al ras del piso. Todos los proyectos, aún los más grandes, tuvieron un inicio sencillo. Uno de los retos más importantes al emprender un camino nuevo es aprender a disciplinarnos y concentrarnos en el aquí y ahora. Tenemos que aprender a enfocarnos en cada uno de los pasos hasta llegar al último.

Para rebasar la meta necesitamos arrancar desde la salida, sin desesperamos, sin pretender atajos, sin quedarnos paralizados ante la magnitud de un objetivo. Siempre será más fácil si nos concentramos en la acción que nos demanda el presente.

CAP 2

CAMBIAR O RESISITIR

KIT ESENCIAL

1. Al principio, podrás pensar que no existe una razón lógica para cambiar.

2. Cada paso que des, fuera de lo que conoces ahora, incrementará tu energía hacia el cambio.

3. El miedo te señala cuándo te acercas al cambio. Úsalo para enfocarte y avanzar con determinación.

4. Hazte de información real y útil. Esta será tu herramienta para dar pasos concretos.

5. **CONSEJO:** muchas veces le tenemos miedo a lo que podría pasar. Enfoca tus emociones y respuestas en lo que está pasando realmente.

USO MIS RECURSOS

DETERMINA. Cada paso que des para cambiar o lograr tus objetivos, debes darlo determinado: con decisión, disciplina y dirección. Tienes que entrenarte para ser fuerte y mantenerte en el camino, aun ante comentarios contrarios a tus ideas o situaciones adversas. Nútrete de información útil, ten un plan claro y realizable que requiera pasos concretos y utiliza los recursos que tengas a mano para lograrlo. Visualiza y prepara tu recorrido como si fuera una carrera de resistencia y no de velocidad.

EL ORIGEN DEL MIEDO

A partir del valor y del juicio que les damos a nuestras experiencias pasadas y expectativas futuras, decidimos si nos arriesgamos al cambio o si nos quedamos tal como estamos.

Entonces nos cuestionamos: "¿Cómo dejar una relación de pareja en la que he invertido muchos años?" "¿Cómo cambio de carrera universitaria, si la gente que me rodea está esperando que sea médico?" "¿Para qué anotarme en nuevos cursos de capacitación, si la práctica lo enseña todo?" "¿Para qué asumir más responsabilidades laborales, si con lo que gano hoy es suficiente?", "si toda la vida he sido así, ¿por qué tendría que cambiar ahora?".

Preguntas como las anteriores empiezan a formar parte de nuestro discurso y le dan forma a nuestra resistencia al cambio, ya sea por el valor y el esfuerzo depositado en nuestras metas logradas, por el mal sabor de boca después de algunos intentos, o porque no queremos abandonar nuestra zona de confort. Incluso, el costo del cambio puede parecer demasiado alto y nos puede hacer pensar que no podremos con ello. Entonces empezamos a normalizar nuestra resistencia, a no querer experimentar situaciones nuevas para mantenernos seguros, cómodos o estables.

De esta manera, reforzamos la idea de que el cambio realmente puede resultar contrario a nuestro desarrollo.

Imaginamos que puede ser una mala jugada y así comenzamos a tenerle miedo, perdiendo de vista el natural proceso evolutivo de aprendizaje que, desde niños, desarrollamos a partir de los cambios permanentes.

Como mecanismo de defensa, nuestro miedo nos ayuda a que busquemos las formas más seguras de llegar a nuestros anhelos, para que podamos responder adecuadamente ante lo que está sucediendo. También busca mantenernos a salvo y, por tal razón, en un primer momento nos impulsa a huir o a evitar situaciones desagradables o que nos puedan hacer daño, nos dejen expuestos o nos puedan lastimar emocionalmente.

Podemos decir que el miedo toma fuerza ante la falta de información o certeza, ya que nos sentimos más seguros, tranquilos y conscientes cuando sabemos cómo funcionan los procesos y qué impacto pueden tener en nosotros. Por eso, lo que no conocemos y no controlamos activa nuestras defensas. Pero tenemos que darle su justo lugar y dimensión a nuestros temores.

Recordemos que no estamos hechos para resistir los cambios sino para reinventarnos ante la oportunidad y rehacernos ante el desafío.

EL FACTOR SORPRESA

Lo más importante respecto al cambio es cómo hacerlo parte de nosotros. Aun cuando las transformaciones sucedan de pronto, sin que lo deseáramos o quisiéramos, debemos entrenarnos para asimilar, aceptar y adoptar el cambio en nuestra vida.

En muchas circunstancias es muy probable que nos encontremos, de repente y sin aviso previo, en medio de cambios, ajustes, pérdidas o situaciones que no esperábamos. El cambio nos toma por sorpresa y, de un momento a otro, tenemos que afrontar una nueva situación.

Ya sea la pérdida de un ser querido, un padecimiento de salud, un gasto inesperado y no presupuestado o incluso terminar una relación laboral que se mostraba sólida y en buenos términos y que, de pronto, nos lleva a la oportunidad de iniciar la búsqueda de un nuevo empleo. Los cambios que nos toman por sorpresa, contrario a lo que pensamos, son constantes y se presentan en el momento menos esperado, situándonos en una nueva etapa de vida que, aunque la conociéramos, no imaginábamos que nos pasaría a nosotros. Pregúntate, entonces, ¿qué cambios te han tomado por sorpresa a lo largo de tu vida?

Acercarse a esta nueva realidad, aceptar que las condiciones son diferentes y adaptar nuestros recursos, experiencias e historia lo mejor que se pueda para poder seguir desarrollándonos y creciendo, nos hará más conscientes de quienes somos, de lo que necesitamos hacer y de cómo hacerlo.

Cuando el cambio nos toma por sorpresa, nos exige responder de forma rápida con acciones que, de otro modo, difícilmente hubiéramos pensado hacer pero que quizá, si las hiciéramos con mayor frecuencia, disminuiría el impacto de ese cambio. Por ejemplo: llevar una mejor administración financiera, tener un historial crediticio lo más sano posible, comunicarnos y mantener una relación cercana con nuestras redes de apoyo, cultivar cierto tiempo de conocimientos o entrenar algunas habilidades.

Es necesario abordar de forma realista la situación a la que nos estamos enfrentando, siendo conscientes de lo que está sucediendo y de lo que podría pasar si no hacemos algo al respecto. **Lo mejor que podemos hacer cuando se presentan estos cambios inesperados es aceptarlos e identificar inmediatamente qué beneficios tomar de ellos para sacarles provecho.** También podemos aplicar nuestra experiencia en situaciones similares pasadas, siempre con tranquilidad y objetividad con respecto a lo que está sucediendo, sin exagerar o minimizar los hechos.

Cuando reconocemos que estamos cambiando todo el tiempo es más fácil aceptar que los cambios también se dan de forma ajena a nuestro control e, incluso, esto nos ayuda a entender que la gente a nuestro alrededor también cambia; que todo lo que nos rodea está en permanente transformación.

Todas las situaciones que nos pasan en la vida son experiencias de aprendizaje. Nos enseñan diferentes formas de acercarnos a lo que deseamos, independientemente de una lectura moral, social, personal, emocional o funcional. Las experiencias nos cambian y aportan algo a nuestro desarrollo, sin importar cuándo nos demos cuenta de eso.

APOSTAR AL CAMBIO

Los primeros pasos para acercarnos al cambio, más aún cuando somos del tipo de personas que tenemos alta resistencia a las transformaciones, tendrán que ser concretos y sencillos. Para esto es importante darle su justo lugar y dimensión al hecho y no verlo solo desde la emoción del momento. Por ejemplo, una pérdida de empleo representa el cierre de un ciclo y la oportunidad de ubicarnos en otro escenario, el cual requerirá que estemos atentos a nuestros recursos y quizá tengamos que desempolvarlos para utilizarlos.

Debemos disciplinarnos para hacernos siempre de toda la información posible, disipar las dudas y abordar la situación con más razón que emoción. **Si concentramos toda nuestra atención en entender y asimilar lo que está pasando, en hacer una lectura completa de los pros y contras que de momento se presenten, estaremos ascendiendo los primeros escalones para evolucionar con ese cambio.**

Necesitamos entrenarnos para aprender a leer entre líneas, para escuchar y atender con sabiduría los comentarios de la gente que nos rodea, y poder decidir y tomar de lo que realmente aporta valor y sentido a nuestras metas y objetivos. Determinar si estamos siendo muy lentos y perezosos para cambiar o, tal vez, muy rápidos, tomando decisiones apresuradas, es algo que podremos decidir a partir de autoanalizar objetivamente lo que está pasando y estamos haciendo en nuestra vida. Quizá, ante ciertas circunstancias, la última respuesta que deberemos dar es el cambio. Primero podemos darnos el tiempo para analizar y reunir todo lo que sea necesario para hacerlo mejor y gradualmente.

No perdamos de vista que, para lograr cambios en nuestra vida, tenemos que prepararnos emocionalmente para enfrentar los nuevos desafíos. Debemos asumirnos conscientes de que en el camino habrá pérdidas, algunas derrotas, ocasionalmente confusión y duda pero, sobre todo ello, una oportunidad de ver, aprender y ubicarnos siempre en un nuevo escenario para seguir creciendo. En especial, tenemos que asumir el coraje para dar el primer paso que nos ponga del otro lado, para poder empezar a trabajar los siguientes desde allí. Si nos concentramos en un paso a la vez, será más fácil desarrollar las habilidades y recursos necesarios para ir avanzando por etapas y podremos manejar con mayor claridad las emociones, relaciones y consecuencias que se vayan presentando. Si abordamos el cambio como un gran todo, se nos hará muy difícil saber por dónde comenzar y cómo hacerlo.

No existe mejor estrategia y remedio ante la resistencia, los cambios, desafíos y adversidades que estar a la vanguardia de lo que puede suceder. Eso nos brinda la ligera ventaja de tener el control y libertad de siempre poder decidir adonde queremos movernos, en caso de que sea necesario. Siempre será más fácil navegar delante de la tormenta que dentro de ella.

LAS PREGUNTAS INDICADAS

Quizá la pregunta no es ¿acepto cambiar o me resisto? ni ¿para qué cambiar ahora si nunca lo he hecho? Podríamos pensar que algunas de las preguntas indicadas pueden ser:

- **¿Qué herramientas puedes usar de los aprendizajes que te han dado tus experiencias de cambio?**
- **¿Cuáles son tus miedos y cuáles tus motivaciones para cambiar?**
- **¿Qué pasos iniciales necesitas dar para empezar a trabajar y adoptar los cambios en tu vida?**
- **¿Cómo definirías a la persona que eres actualmente?**
- **¿Cómo podrías llevar más lejos tus límites personales y laborales?**

COMPARTO MI EXPERIENCIA

"Durante muchos años me dediqué solo a ser ama de casa y siempre me sentí plena. Mi actitud, a diferencia de la de mis amigas, era proactiva y positiva, encontrando siempre el lado bueno de estar en mi hogar. Pero, de un día para el otro, mi marido se quedó sin trabajo y yo me vi en la necesidad de generar dinero con urgencia. En ese momento me di cuenta de que mi actitud como ama de casa no era positiva, sino que lo único que había hecho era encontrar la manera de resistirme al cambio. Buscaba quedarme en mi casa a pesar de tener mis contradicciones internas. Descubrí que tenía miedo de enfrentarme a nuevos retos, de abrirme paso ante lo desconocido, de verme en la necesidad de exigirme y mostrarme vulnerable ante nuevas situaciones y personas. Eso me enfrentó con la realidad que tanto había evitado. Me sentí mal, desorientada e incapaz, pero luego me trajo las mejores pruebas y enseñanzas. Ahora sé que la vida siempre cambia y me entreno para estar lista para cambiar con ella".

GUADALUPE, administradora de un restaurante.

EJERCITO EL CAMBIO

Tomar la decisión de cambiar o resistir es uno de los desafíos más frecuentes en nuestra vida. Y si bien puede parecer difícil saber qué hacer, solo necesitas un poco de claridad para obtener la información necesaria:

1. Cuadro de beneficios y contras:

a. Toma tu libreta y realiza tres divisiones o columnas verticales en una hoja.

b. Escribe como título de la primera columna "Situaciones que quiero cambiar", en la segunda "Beneficios y contras de mantenerme como estoy actualmente" y en la tercera "Beneficios y contras de cambiar hacia algo nuevo".

c. A cada beneficio que anotes le vas a asignar una calificación de 2 puntos y a cada contra le asignarás 1 punto.

d. En la primera columna haz una lista de las cosas que quieres cambiar u objetivos a lograr. Puedes tomar los que anotaste en tu ejercicio del capítulo 1. Apunta cinco como máximo.

e. Escribe tanto los beneficios como las contras que consideres importantes.

f. Trata de evaluar su huella a corto y mediano plazo. Ten en cuenta cómo esos cambios pueden impactar en tu situación laboral, económica, educativa, de formación, crecimiento y experiencia, así como en tu salud, bienestar y ánimo, además de las relaciones con tus amigos, pareja, padres o hijos.

Al finalizar, suma los puntos obtenidos de los beneficios y de las contras. Esto puede ayudarte a tener un primer panorama de qué tan importante y beneficioso puede resultar cambiar.

CAMBIA
ANTES DE
UE TE VEAS
OBLIGADO
A ELLO

“CAMBIA ANTES DE QUE TE VEAS OBLIGADO A ELLO”.
JACK WELCH

No todos los cambios son movimientos y acciones radicales alrededor de nuestra vida. El primer y principal cambio lo hacemos en nuestra mente y corazón cuando nos preparamos, aún sin estar en movimiento, para estar listos ante lo que venga o se necesite. En ese instante entendemos que, en algún momento, debemos dejar atrás lo que nos brindó seguridad, placer o satisfacción, para poder explorar nuevos y desconocidos caminos, con sus retos, miedos e incertidumbres. El verdadero cambio es estar listos para dejar ir y abrirnos a lo que pueda venir. Y si en el camino puedes anticiparte a ello, mucho mejor.

CAP 3

PROYECTO A FUTURO

KIT ESENCIAL

1. Aunque pienses que el futuro siempre es incierto, no te detengas.

2. Planifica tus acciones para generar resultados y esperar menos de la suerte.

3. No puedes controlarlo todo, por eso, concéntrate en hacer lo que sabes y lo que sí está a tu alcance realizar.

4. Sin importar los resultados que obtengas, tu futuro depende solo de ti y de lo que hagas.

5. **CONSEJO:** planea, organiza y ejecuta las acciones que establezcas para alcanzar tu meta, y así le restarás poder al destino y a la fortuna.

USO MIS RECURSOS

ORGANIZA. El mapa del tesoro para lograr los resultados que deseamos a mediano y largo plazo se llama "organización". Nos ayuda a identificar y priorizar en el presente nuestras habilidades, recursos, herramientas, opciones y objetivos, e influirá determinantemente en el futuro. Nos brinda claridad en nuestras metas, nos señala la utilidad de nuestras herramientas, recursos e insumos, y nos facilita la toma de decisiones más rápidas para aprovechar las oportunidades que se presenten. A través de la organización podemos ser precisos en nuestra ejecución, mejorar nuestras expectativas y mantener el control emocional, aun en momentos de adversidad.

PREPARO MI EQUIPO PARA EL VIAJE

Imaginemos que estamos a punto de realizar un viaje a un destino que no conocemos. Es muy probable que nos sintamos muy emocionados y con expectativas, al mismo tiempo que trataremos de tener la mayor información posible: costumbres, lugares de interés, comida, entretenimiento, historia y gente. Seremos cuidadosos para que todo vaya bien y no tengamos ningún inconveniente.

Algo similar pasa cuando emprendemos un nuevo viaje o redireccionamos el actual. Nos sentimos motivados por haber tomado una decisión de cambio, por descubrir y acercarnos a todas esas cosas que no conocemos, por los retos, aprendizajes y desafíos, por la gente, las experiencias y posibles logros. Esto nos mantiene con alta expectativa.

Todo suena posible y muy viable pero, al mismo tiempo, nos asaltan las dudas y la incertidumbre. Nuestro instinto de precaución nos hará reflexionar y preguntarnos si estamos haciendo lo correcto, si vale la pena. Y así nos cuestionamos: "¿Qué pasará si mi nuevo camino no resulta ser tan especial como lo imagino?, ¿realmente tendré con qué dar batalla en esta nueva meta que me propongo?, ¿seré capaz de romper mis viejos hábitos para alcanzar mis objetivos?".

Es normal y muy sano que tengamos ese tipo de preguntas, que deseemos saber y anticipar, aunque sea un poco, cómo podría ser el futuro en esa nueva dirección que estamos tomando. Lo importante es que esa inquietud nos sirva para preparar mejor el viaje, para hacer una revisión exhaustiva que nos ayude a tener al menos lo mínimo necesario para comenzar y mantenernos en el camino. **Lo que no podemos permitirnos es que esa incertidumbre nos paralice, nos frene o nos haga incluso imaginar situaciones irreales que limiten nuestra capacidad de acción.**

Por eso es importante aprender a viajar ligero, como una constante en tu nueva aventura o desafío. De la misma forma que decidiste dar un paso hacia una nueva situación de vida, deberás hacerlo para no seguir cargando aquellas personas, experiencias, hábitos o actitudes que quizá en el pasado fueron útiles, pero posiblemente no lo sean para este nuevo reto.

AJUSTO EL PLAN DE VUELO

Es importante que tengas presente que no podrás controlarlo todo, pero sí podrás tratar de anticipar la forma en la que quieres y podrías manejar las nuevas experiencias y aprendizajes. Debes prepararte física, mental y socialmente para cuando las cosas salgan de tu control. En tu viaje aparecerán muchas situaciones que resultarán desafiantes pero que, si preparas bien tu plan, podrás manejarlas satisfactoriamente. Así como los imprevistos, que quizá no controles como quisieras, pero sí podrás determinar la forma en la que influyen en ti o no. Por lo que deberás ser claro y determinado cuando esas situaciones se presenten, para no desviarte del camino y resolverlas lo más pronto posible.

Recuerda que habrá mucha gente que estará contigo acompañándote y motivándote hacia la realización, pero no todos van a compartir tu mismo entusiasmo respecto a tu nueva decisión. Habrá quienes sientan que pierden con tus nuevos movimientos, habrá quien tenga recelo de tus acciones y otros tantos que no alcanzarán a entender y ver los proyectos como tú lo haces. Lo importante es acercarte a aquella gente que comparta tu interés, objetivos y motivación, y darles su justo lugar y momento a las demás personas. **Al final de cuentas, el único que está haciendo la inversión para este nuevo viaje eres tú.**

Sin embargo, deberás cuidar cómo impactan tus nuevas decisiones y acciones en la gente que está a tu alrededor. Habrá compromisos previos que no podrás romper tan fácilmente. Por eso, toma tus decisiones junto a la gente cercana a ti, para facilitarte el mejor desarrollo posible y positivo.

Ten en cuenta que la información es poder que nos ayuda a ver y acercarnos a experiencias, sin la necesidad de haberlas vivido directamente. Hazte de mucha información sobre tu nueva meta, busca gente que ya haya pasado por un camino parecido, investiga las experiencias y resultados de otras personas similares a ti en circunstancias afines a las tuyas. La información nunca sobra, solo valida que sea lo más clara e imparcial posible, para que con ella puedas pasar a la acción.

Define y enlista cuáles son las herramientas y habilidades con las que ya cuentas, que deberás llevar contigo para el arranque de este nuevo proyecto y, más adelante, podrás ir identificando nuevos recursos adquiridos. Lo importante es que no detengas el inicio por nada y solo te concentres paso por paso en tener lo necesario para ir avanzando hacia tus objetivos. Recuerda que estarás trabajando por etapas, y así será más fácil y realista tu desempeño y también el nivel de desafío.

DESPEGO

Una vez que hayas iniciado el cambio, deberás asegurarte de generar los mecanismos que te permitan mantenerte en la ruta. Para ello podrás seguir las siguientes recomendaciones, estrategias y técnicas que te faciliten el viaje:

- **Mantén tu equipo en las mejores condiciones posibles.** Seguramente para esta nueva travesía necesitarás mayor poder de concentración, usar más energía, estar más activo físicamente y darles solución a mayores retos de los que estás acostumbrado. Por eso es importante que te alimentes bien, que duermas lo necesario, que encuentres momentos de relajación, que hagas ejercicio y que estés constantemente atento para evaluar cómo están tu cuerpo y tus emociones.

- **Inyecta energía y fuerza motivadora a lo largo de tu viaje.** Habrá momentos en los que estarás tan motivado, como al principio, pero también habrá algunos en los que sentirás que no hay razón para continuar, e incluso que sería mejor desistir. **Por eso es importante que busques acciones y metas a corto plazo, que te permitan mantenerte motivado, con un alto sentido de logro y capacidad.** Acostúmbrate a reconocer y celebrar todas tus victorias, y también a aceptar tus errores con su correspondiente aprendizaje.

- **Busca personas que te motiven, ayuden e impulsen.** Es necesario que disfruten tanto el viaje como tú y se sientan plenos y felices por lo que estás realizando. Que encuentren en ti a una persona que los inspire y que, como ellos, también tiene la inquietud de ir por más, se atreve y trabaja para que así sea.

- **Establece recordatorios de por dónde ir y para qué lo estás haciendo.** Siempre será más fácil mantenernos motivados y determinados si tenemos clara y presente la razón original que nos impulsó al cambio.

- **Ayúdate con planificadores de tareas, calendarios, directorios y listas de seguimiento.** Utiliza todo lo que te permita organizar mejor cada una de las metas y sus respectivas acciones, en partes fácilmente visibles, concretas y medibles. Usa recordatorios, alarmas y notificaciones. Si estás completando una libreta, acostúmbrate a usarla solo para el trazado y seguimiento de acciones diarias. El proceso de cambio necesita tener lugares en donde sea visible y medible.

- **Define por cada acción y meta diferentes indicadores que te ayuden a saber si estás avanzando en la dirección correcta.** Así verás si los resultados son los esperados, si necesitas realizar algún ajuste para mantenerte en el camino correcto o si los recursos y acciones están realmente orientados al resultado buscado. Estos indicadores al principio pueden ser: el gasto que estás haciendo, el tiempo que te está llevando, las citas, llamadas, acercamientos o avances de alguna tarea en particular.

- **Recuerda que durante el viaje pueden presentarse, de pronto y sin esperarlo, algunos altibajos.** Quizás, en algunos momentos necesites descansar y bajar un poco el ritmo para no exigirte demasiado. Tienes que entender que, una vez en el aire, tu camino será constante, siempre y cuando, equilibres la energía y fuerza para hacerles frente a los diferentes retos que se presenten.

En la medida que te comprometas a realizar de manera responsable y determinada las acciones en tu presente, estarás sembrando y cimentando tus resultados futuros. Por tal razón, ocúpate más por lo que sí puedes hacer en lugar de preocuparte por lo que podría pasar.

LAS PREGUNTAS INDICADAS

No te cuestiones permanentemente "¿y si fracaso en el intento?" O "¿Y si no lo logro?".

Las siguientes preguntas te ayudarán a definir mejor tus metas:

- **¿Cuáles son mis prioridades para los siguientes tres años?**
- **¿Qué necesito y qué puedo conseguir para cumplir mis objetivos a corto plazo?**
- **¿Qué otras opciones tengo, en caso de no lograr mi objetivo en el primer intento?**
- **¿En quién puedo apoyarme cuando necesite ayuda?**
- **¿Qué necesito trabajar de mi persona para manejar mejor mis emociones, cuando las cosas no salen como espero?**

COMPARTO MI EXPERIENCIA

"Siempre que alguno de mis compañeros renunciaba al trabajo para buscar mejores condiciones económicas y calidad de vida, me sorprendía e incomodaba un poco. Me preguntaba cómo se atrevían a poner en riesgo su estabilidad actual. Me costaba mucho entender y asimilar su determinación y seguridad al hacerlo, sabiendo lo complicado que es encontrar un trabajo con buen sueldo y prestaciones, con las condiciones laborales actuales. Sin embargo, luego me di cuenta de que mi molestia estaba relacionada con la envidia respecto a lo que ellos sí se atrevían a hacer; algo que yo deseaba desde hacía mucho tiempo pero no me permitía.

Pero un día platiqué con uno de ellos, justo después de anunciar que se iba, y le pregunté cómo estaba tan tranquilo sin tener a dónde irse. Y su respuesta me sorprendió: 'he venido estudiando por las noches, ahorrado dinero y buscando algunas opciones durante más de seis meses. Y, aunque actualmente no tengo nada seguro, estoy avanzado en mi proceso de contratación con dos empresas. Sé que me quedaré en alguna de ellas'. Su determinación y su salida planificada me animaron a ir en buscar de mi propio cambio".

JAVIER, especialista en sistemas informáticos.

EJERCITO EL CAMBIO

El cambio empieza desde el momento en el que comienzas a delinear hacia dónde quieres llegar o lo que deseas lograr. Es por eso que precisas disciplina para realizar una evaluación diaria de los avances que tienes desde que conviertes la idea probable en oportunidad.

Te recomiendo que te tomes 10 minutos todos los días para:

1. Evaluar los diferentes avances que has tenido desde el comienzo.

2. Registrar cada paso. Todo suma, por lo que no importa si un día hiciste más que otro. Lo importante es avanzar y que seas capaz de evaluar tú mismo ese avance.

3. Dentro de los indicadores que pueden servirte de apoyo para medir tu progreso, puedes considerar:

a. Ahorro y recursos económicos. ¿Cuánto ahorras cada día o cada semana para lograr tu objetivo?

b. Tiempo destinado a tu meta. ¿Cuánto tiempo inviertes en tu plan? ¿Cuánto realmente fue de calidad? ¿Cómo podrías optimizarlo?

c. Redes de apoyo. ¿Qué frecuencia y qué tipo de comunicación tienes con las personas que pueden ser importantes y de ayuda en tu objetivo?

d. Actividades para avanzar. ¿Cuáles son las más importantes? ¿Cuáles pueden esperar? ¿Qué tanto has avanzado? ¿Te has estancado? ¿Por qué? ¿Qué puedes hacer para retomar el ritmo?

e. Situaciones imprevistas. Registra todas aquellas circunstancias que representaron un imprevisto, ya sea que hayan ocasionado un inconveniente o una ventaja para tu objetivo, e identifica cómo demoraron o facilitaron la realización de tus metas.

Disciplinarte y dedicarle un tiempo a la agenda diaria te permitirá ser constante, estar atento y poder trabajar siempre con cierto margen de comodidad y tiempo a tu favor.

LA MEJOR
MANERA
DE PREDECIR
EL FUTURO
ES CREARLO

"LA MEJOR MANERA DE PREDECIR EL FUTURO ES CREARLO".

PETER DRUCKER

La pregunta "¿cómo saber si estoy haciendo lo correcto?", que acompaña muchas veces cualquier proceso o decisión de cambio, no tendrá respuesta sino hasta el momento en el que hayamos hecho responsable y disciplinadamente todas las acciones planteadas para alcanzar nuestro objetivo.

Y es justamente haciendo y trabajando que le restamos poder al destino y dirigimos nuestro resultado hacia lo que deseamos para nuestro futuro. Y aunque esto no garantiza por completo el resultado esperado, nos ayuda a tener certeza y claridad de lo que podremos lograr. Por esta razón, la mejor forma de anticipar el futuro es a partir de nuestras acciones presentes.

CAP 4

¿POR DÓNDE EMPIEZO?

KIT ESENCIAL

1 La probabilidad de lograr tu objetivo aumenta si dedicas el tiempo y atención necesarios en definir los pasos para alcanzarlo.

2 En ti está la oportunidad de materializar esa idea o pensamiento que ha estado tomando forma en tu cabeza.

3 Elaborar y detallar un plan de trabajo te ayuda a identificar puntos ciegos que, a veces, por las emociones no percibes.

4 Hazte de relaciones personales que te aporten experiencia, habilidades, recursos y capacidades, esos que tú apenas estás desarrollando.

5 **CONSEJO:** ya cuentas con habilidades y recursos de experiencias pasadas. Identifica cuáles pueden ser de utilidad en tu nueva aventura y saca ventaja de ellos.

USO MIS RECURSOS

MATERIALIZA. Es increíble lo que tus pensamientos pueden hacer una vez que nace o se siembra una idea dentro de ti. Desde imaginar, diseñar, cambiar o transformar no solo tus ideas, también tus sueños, inquietudes, temores o deseos. Pero es aún más fascinante cuando te descubres capaz de darles vida, de hacer posible eso que estuvo viviendo en ti como una posibilidad y que, con tu determinación y acción, se convirtió en realidad. Tu capacidad de materializar esas ideas es uno de los recursos más valiosos que tienes como ser humano.

DEFINO MIS OBJETIVOS

El primer paso a dar para generar un cambio y tener la claridad de saber por dónde empezar es definir con certeza lo que deseas o quieres lograr.

Necesitas establecer cuáles son las verdaderas intenciones que te impulsan a la acción y la dirección que estás tomando. Cuando comprendes para qué lo quieres hacer, puedes definir con mayor precisión tus objetivos y metas a trabajar. De este modo irás, paso a paso, acción por acción.

Para esto es necesario:

1. Evaluar qué deseas lograr u obtener realmente. Cuál es la inquietud, deseo o **necesidad** que te está impulsado.

2. Establecer los resultados necesarios (**objetivos**) a lograr para alcanzar o satisfacer esa necesidad o inquietud.

3. Definir la serie de pasos o acciones para alcanzar ese objetivo o resultado (**metas**).

Esta organización entre lo que deseas o necesitas, sus objetivos y metas, te permitirá visualizar o trazar con efectividad los pasos que dan forma y componen cada objetivo y analizar qué recursos, habilidades y apoyos requieres.

Veamos algunos ejemplos:

1. **Necesidad o inquietud:** aprender un idioma nuevo para poder postularme a una vacante de trabajo bilingüe.
   Objetivos: aprender inglés y certificarme en un lapso no mayor a 12 meses.
   Metas: tomar cada uno de los cursos que componen la certificación y aprobarlos con una calificación mínima de 8.

2. **Necesidad o inquietud:** comprar un auto nuevo el año siguiente.
   Objetivos: trabajar y ahorrar durante un año para comprarlo.
   Metas: mantener mi trabajo actual o encontrar uno nuevo, administrar mis gastos, ahorrar una cantidad mensual exclusiva para la compra del auto.

3. **Necesidad o inquietud:** cambiar de trabajo.
   Objetivos: terminar bien mi relación de trabajo actual, encontrar una mejor posición laboral y estar trabajando en ese nuevo puesto en 6 meses.
   Metas: cerrar mis pendientes, definir el nuevo puesto, revisar los requisitos y características, ajustar mi currículum, buscar vacantes, investigar las empresas de mi interés, compararme con otros perfiles, postularme, dar seguimiento.

Considera siempre que:

A. Los objetivos deberán ser claros, realistas y que tengan fecha de realización.

B. Las metas son las unidades más pequeñas de acción, son pasos concretos, fácilmente realizables y escalables. Cada meta te servirá y te ayudará a cumplir con la siguiente.

C. **Deberás planear del objetivo hacia las metas, esto es, de lo más grande a lo más pequeño. Ya que si empiezas a poner metas sin una dirección clara, lo único que provocarás es confusión y desgaste.**

Planificar de este modo tus intereses te brindará precisión en cada objetivo, certeza sobre el papel e importancia de cada acción y valor sobre cada resultado obtenido. Además, te sentirás más seguro y determinado sobre tu capacidad de logro.

Pero, sobre todo, te brindará una visión amplia, realista y completa sobre lo que vas a hacer de principio a fin. Sabrás para qué y cómo realizar cada acción, qué necesitarás para ello e incluso te permitirá identificar en dónde puedes modificar o ajustar el plan, sin alejarte de lo que realmente te interesa.

DESARROLLO MIS HABILIDADES

De la misma forma que la definición, organización y ejecución de metas y objetivos tienen un orden y secuencia lógica de planeación, nuestros recursos, habilidades y competencias se ordenan, administran y operan de manera secuencial en nuestro beneficio.

Por eso es importante identificar, diferenciar, nombrar y darle sentido e importancia a cada uno de estos ítems, de acuerdo a sus características, usos y trascendencia al momento de realizar cualquier acción.

Definamos, ubiquemos y ejemplifiquemos desde nuestras capacidades hasta nuestras actitudes:

- **Capacidad:** es la condición, circunstancia, aptitud o cualidad mínima necesaria con la que contamos para llevar a cabo nuestras metas. La capacidad se puede enseñar, aprender y reforzar con la práctica y experiencia. Por ejemplo: puedo (tengo la capacidad de) memorizar sin problemas la presentación que voy a hacer ante el público, si es necesario.

- **Competencia:** es el conjunto de capacidades que tenemos para la realización de una actividad de manera favorable. Nos volvemos más competentes en la medida en la que añadimos capacidades diferentes para una misma tarea. Por ejemplo: puedo hacer la presentación sin leerla, tener el control del grupo, dominar el tema, manejar los recursos e insumos, etc.

- **Habilidad:** es la destreza o talento con el que ejecutamos cierta actividad o meta. Se puede desarrollar en la medida que se realice en diferentes escenarios, entornos y niveles de exigencia, cada vez más demandantes. **Cuando no tenemos la habilidad para hacer algo, la respuesta emocional es la ansiedad por no saber qué y cómo actuar, a pesar de tener la actitud o capacidad para hacerlo.** Por ejemplo: por mi experiencia, me siento muy cómodo al hablar en público, puedo lograr el resultado, impactarlos con mi presentación y que salgan convencidos de que no hay mejor opción.

- **Recursos:** son los insumos necesarios para poder llevar a cabo la tarea. Los recursos pueden ser internos y externos, requieren de una identificación previa en el plan de trabajo o acción. Cuando no tenemos los recursos necesarios la respuesta emocional puede ser de frustración. Tenemos la capacidad, habilidad y actitud pero no lo necesario para realizar el objetivo, entonces, por mucho que nos esforcemos, el resultado no será el esperado. Por ejemplo: puedo hacer la presentación pero para obtener mejores resultados necesito tener la información, la presentación bien armada, un buen micrófono y un buen discurso.

- **Actitud:** es la disposición racional y emocional para la realización de la tarea. Si nuestras acciones se relacionan con nuestro interés o necesidad primordial, nuestra actitud será mayor, nos motivará e incentivará a la mejor realización de nuestra parte. Por ejemplo: pienso que haré la mejor presentación de toda mi vida y estoy seguro que con eso los convenceré para que compren mi producto.

Con base en lo anterior, además de identificar qué recursos necesitamos para realizar una meta o lograr un objetivo, podemos definir y establecer qué nuevas capacidades debemos aprender, que nos hagan más competentes, así como también desarrollar y ejercitar nuestras habilidades para superar los resultados esperados o aumentar nuestra capacidad de logro.

ELABORO MI PLAN

Cuando logras identificar metas y objetivos, así como recursos, competencias y habilidades necesarios para alcanzarlos, ya te encuentras en posición de planear.

El plan de trabajo no es más que la organización, asignación y visualización de cada uno de los pasos o acciones a realizar para generar los cambios que deseas. Y aunque puede parecer laborioso o complicado, en realidad, ya lo tienes casi hecho, considerando que ya estableciste las metas y los recursos necesarios para su ejecución.

Uno de los beneficios principales de planear es que podrás tener al momento y de un solo vistazo toda la información necesaria para tomar decisiones, hacer modificaciones o incluso anticipar situaciones.

También puede ayudarte a realizar tus actividades y lograr tus metas por etapas o ciclos, ya sea de forma secuencial (una tras otra) o que las realices de forma paralela (ejecutándolas desde el principio y hasta el final, todas al mismo tiempo). Esto lo podrás decidir de acuerdo al impacto, recursos o resultados necesarios para seguir avanzando.

Por ejemplo, imaginemos que vas a postularte para una posición en una nueva empresa y tienes que hacer una presentación en público:

- Si lo vemos de forma secuencial: puede ser que primero te concentres en cerrar tus pendientes actuales, después en preparar tu currículum, luego en empezar a buscar vacantes, analices el mercado y, posteriormente, busques información de las empresas donde te gustaría colaborar. Te postulas y ahora sí elaboras una presentación de acuerdo al perfil que busca la empresa y sus necesidades.

- Si lo vemos de forma paralela: puedes estar cerrando tus pendientes actuales, mientras ya estás buscando información de las empresas en donde te gustaría colaborar, sin afectar el resultado esperado de ninguno de los dos pasos. Pero no podrías postularte porque te faltaría tener información del perfil que están buscando.

La decisión de cómo y cuándo podrás tomarla de manera más fácil gracias a la visión y organización que te brinda tu plan. Así ya sabrás qué tienes, qué necesitas, qué se tiene que hacer paso por paso, qué se puede adelantar o incluso qué modificar o replantear de acuerdo a lo que se vaya presentando.

Si haces una buena definición de objetivos, asignación de recursos, desarrollo de habilidades y seguimiento de metas, ya tienes lo necesario para elaborar tu plan de trabajo.

LAS PREGUNTAS INDICADAS

Para ayudarte en el proceso de inicio, apóyate permanentemente en las siguientes preguntas, que pueden servirte de guía para dar el primer paso:

- **¿Cuáles son las capacidades y habilidades personales que forzosamente necesito tener desarrolladas para alcanzar mi meta?**
- **¿Dónde encuentro los recursos iniciales que necesito para arrancar y cómo puedo hacerme de ellos para utilizarlos en mi beneficio?**
- **¿Tengo alguna tarea pendiente que necesito cerrar antes de empezar una nueva meta?**
- **¿Cómo puedo asegurarme de que mi plan de trabajo considera casi todos los escenarios posibles que pueden presentarse en el camino?**
- **¿Qué indicadores voy a tomar en cuenta para ir evaluando mi progreso?**

COMPARTO MI EXPERIENCIA

"En los cinco años que llevamos casados, mi esposa y yo hemos construido una relación sólida, de confianza y compromiso, a partir de una buena organización de nuestras prioridades, gustos y deberes. Con el tiempo, aprendimos a comunicarnos mejor y a disfrutar mucho de estar juntos, pero también a realizar por separado nuestras diferentes actividades personales. Puedo decir que son pocas las discusiones o problemas que han supuesto un riesgo para la relación.

Sin embargo, el paso del tiempo nos atrapó, sin darnos cuenta, en una rutina de seguridad y felicidad que nos ha permitido administrar mejor la relación, pero que disminuyó considerablemente la espontaneidad que un día nos unió. Cuando me di cuenta de que nuestra relación estaba perdiendo esa frescura en los detalles inesperados o situaciones anecdóticas, decidí esperar el mejor momento para platicarlo con mi esposa. Sin embargo, me llevó más de un año entender que el mejor momento para empezar a recuperar nuestra alegría natural no sería cuando pudiera hablar del tema, sino cuando me decidiera a realizar de nuevo esas acciones y detalles románticos y emocionantes que hacía mucho que había dejado de hacer. Cuando me puse en acción, nuestra relación volvió a transformarse".

RICARDO, empleado, esposo y padre de familia.

EJERCITO EL CAMBIO

Apóyate en otros para revisar tus objetivos y la correcta identificación de las capacidades, habilidades y recursos para comenzar. Validar con otros puede aportarte una mirada a situaciones que quizá no habías considerado. Toma de su retroalimentación todo lo que pueda ser útil para ti.

Considera los siguientes pasos:

1. Haz una lista de personas cercanas a ti, a las que puedas acceder fácilmente, con experiencia en lo que vas a realizar. Pueden ser de 3 a 5 personas

2. Para asegurarte de que elegiste bien, valida que cumplan con las siguientes 4 consideraciones:

a. ¿Tienen experiencia en actividades similares?

b. ¿Pueden ser objetivos en sus comentarios y retroalimentación?

c. ¿Puedo aprender algo de ellos?

d. ¿Confío en ellos lo suficiente como para poder compartir lo que deseo hacer?

3. Selecciona el material que vas a compartir con ellos para que te den su opinión y recomendaciones al respecto:

a. Puedes escoger algunas metas de tus principales objetivos y pedirles que te den su opinión: ¿son claras?, ¿alcanzables?, ¿qué consideran que se necesita para alcanzarlas?, ¿qué oportunidades creen que pueden aprovecharse?, ¿qué amenazas o debilidades creen que pueden presentarse?

b. De tus capacidades, habilidades y recursos, de igual forma puedes compartirles algunos de los que has considerado como claves, y pedirles que te indiquen si creen que son suficientes. ¿Se necesitan otros? ¿Cuáles? O incluso si algunos de los que pensaste están de más.

4. Determina una fecha límite para poder recibir sus comentarios y evaluarlos para continuar con tu plan.

Una vez que tengas su retroalimentación analiza los puntos en común, los aportes y lo que podrías mejorar, sustituir o cambiar.

Si lo deseas, puedes hacer de nuevo el ejercicio, ahora con otras personas. Te recomiendo que lo hagas, como máximo, con tres grupos para no desviarte ni demorar tu inicio.

CUANDO NO
PODEMOS
CAMBIAR LA
SITUACIÓN,
ESTAMOS

“CUANDO NO PODEMOS CAMBIAR LA SITUACIÓN, ESTAMOS DESAFIADOS A CAMBIARNOS A NOSOTROS MISMOS”.

VIKTOR E. FRANKL

Siempre, “por ti y ahora mismo”, deben ser las respuestas a considerar primero, cuando lleguen a ti las preguntas “¿por dónde empiezo?” y “¿cuál es el mejor momento para cambiar algo en mi vida?”. Y aunque la dirección estará puesta en la meta o reto que tengamos enfrente, el primer paso para el cambio debe centrarse y nacer de ti, del mismo modo que la búsqueda del momento o tiempo para hacerlo. Una vez que identificas la necesidad u oportunidad de mejorar o ajustar algo, empieza a trabajar en ello de inmediato y no esperes a que sea demasiado tarde para poder hacerlo bajo tu control y expectativas. No hacerlo, no solo te limita, sino que además te hace reaccionar de acuerdo a la situación y no a tus capacidades.

CAP 5

MOTIVADO Y EN ACCIÓN

KIT ESENCIAL

1. La motivación no nace solo de la emoción y el sentimiento. Necesita que le permitas vivir a través de pequeños logros.

2. Solo tú tienes claros los objetivos, costos y recompensas invertidos. Date la oportunidad de confiar en ti.

3. No te rindas cuando comiences a sentirte estresado. Usa esa presión a tu favor.

4. Enfócate en el aquí y ahora, victoria a victoria, paso a paso.

5. **CONSEJO:** todo reto que decidas emprender acompáñalo siempre de una estrategia bien planeada, la disciplina necesaria y una fuerte dosis de aventura, ilusión y expectativas.

USO MIS RECURSOS

IMPÚLSATE. La motivación será el resultado de obtener pequeñas victorias que te vayan brindando confianza y seguridad. Es muy importante que te disciplines para avanzar sobre terrenos controlados pero también es necesario y muy válido que te sientas con la libertad de impulsarte a pesar del riesgo, miedo o ansiedad que puedas sentir de cara a lo desconocido.
Si logras combinar el plan con tus ganas, tendrás una mejor probabilidad de aventurarte exitosamente ante nuevos desafíos.

IMPÚLSATE

ENTRA EN ACCIÓN

Constantemente escuchamos lo importante que es mantenernos motivados, enfocados y determinados en lo que deseamos lograr. Incluso pareciera que con ello basta y sobra para que las cosas se den a nuestro favor.

Como si la determinación y motivación, por sí mismas, fueran un poderoso motor, incansable, con la fuerza y condiciones necesarias para garantizar el éxito en nuestra vida.

Por supuesto que la motivación es un factor que puede hacer la diferencia en ciertos momentos, pero no lo es todo. Necesitamos de otros factores importantes para acercarnos a la meta. Y no importa lo optimistas que seamos, no podemos dejar de ser realistas y claros en el hecho de que nada por sí mismo, ni el mejor de los escenarios posibles, puede garantizar el éxito total y absoluto.

Lo interesante es que la fuerza que nos impulsa a la acción para lograr o conquistar una meta, tomar una decisión e incluso replantearnos un objetivo, nace de una poderosa combinación de factores tan únicos y personales como nosotros mismos y nuestros intereses.

Esto es lo que nos motiva y nos da fuerza, lo que nos interesa y atrae. Y no va a evocar o significar lo mismo para todas las personas. Justamente eso es lo que nos hace valiosos y diferentes, así como lo que deseamos lograr y las razones por las que lo buscamos.

La motivación, así como la percepción del éxito o el fracaso, son muy personales. ¿Por qué? Porque refieren a un proceso íntimo y propio de quienes somos, cómo nos conducimos y qué deseamos en la vida.

Entender cuán individual es la motivación como parte de tu misma identidad, te ayudará a dimensionar la importancia y responsabilidad de concentrarte en ti como único pilar de lo que suceda en tu vida. Y con ello comprometerte para vivir en constante proceso de autoconocimiento, descubrimiento, evaluación y mejora.

Solo tú puedes unir, desarrollar o cambiar las dos constantes que generan la fuerza y la dirección para mantenerte decidido y orientado a la acción. Y son las siguientes:

1. La claridad, utilidad y trascendencia de tus objetivos y metas personales.

2. Las razones que para ti son lo suficientemente determinantes para alcanzar ese objetivo sobre todas las cosas.

Cuando mezclas estos factores, no solo generas la posibilidad sino también la oportunidad realista, y con ello la motivación necesaria para comenzar y mantenerte en el camino hasta el final.

Es ahí en donde encuentras tu verdadero motor emocional, físico, intelectual y social para poder planear, trabajar y alcanzar lo que te propongas.

En la medida que nos involucremos, responsabilicemos y tomemos control de nuestro proceso personal de desarrollo, encontraremos la mejor forma de aprovechar aquello que los demás nos pueden aportar para cumplir nuestros sueños.

ESTRÉS: LA ENERGÍA DEL CAMBIO

Otro de los factores que es clave para que podamos mantenernos enfocados y trabajando a buen ritmo es el estrés. Y tengo que contarte que no es tan malo como seguramente has escuchado. El estrés siempre aparece cuando nos decidimos a cambiar o iniciar un proyecto o meta, y forma parte de la motivación inicial.

Imagina que al mismo tiempo que te decides a cambiar de estudios o trabajo, aparece una línea paralela de energía que sirve como indicador para evaluar tu avance y lo que necesitas para lograrlo.

Esa línea es el estrés y no es otra cosa que tu máximo nivel neuroemocional de respuesta a una tarea. Buscará siempre ayudarte a que alcances tu mejor desempeño y a sacar lo mejor de ti ante la exigencia que tú determinaste.

Te permitirá estar más enfocado, receptivo, veloz, ágil, creativo y lleno de energía, así como orientado al logro, e incluso flexible a explorar nuevas alternativas, soluciones y relaciones para lograr lo que deseas.

Es común que relacionemos el estrés con una gran presión o peso sobre nosotros. Y es que, justamente, como energía, tiene dos características: nos exige física, intelectual y emocionalmente para lograr lo que nos hemos propuesto, y puede ser identificada, controlada y canalizada.

También es importante que visualices el estrés positivo como el punto más alto de una curva de desarrollo o camino. Esto significa que tiene fases previas y posteriores, entre las cuales te estarás moviendo constantemente con la finalidad de mantenerte enfocado y motivado.

El primer nivel o fase se produce cuando iniciamos, cuando nace la inquietud de hacer algo diferente o nuevo. Cuando eso sucede, generalmente nos damos cuenta de que algo ya no nos motiva lo suficiente o incluso nos desgastó tanto que ya no nos importa. Esta es la fase de aburrimiento o sinsentido.

El segundo nivel se produce cuando seguimos esa inquietud, nos movemos y, en el proceso, encontramos algo que nos atrapa, que llama nuestra atención. Imaginemos que estamos haciendo un trabajo o carrera, que ya no nos reta o no nos hace sentir bien, y empezamos a pensar que nos gustaría mucho estar haciendo otra cosa. Investigamos y nos damos cuenta de que hay probabilidades de hacer un cambio, y eso atrapa nuestra atención.

Seguimos indagando al respecto y descubrimos además que cambiar de trabajo o carrera, puede ser más rápido de lo que pensamos, lo cual nos emociona.

El siguiente paso es ir por ello y, en nuestro interés por lograrlo, nos sentimos desafiados. Este es el punto más alto, sano y positivo del estrés. Ahora nos vamos a comprometer para triunfar. Es en este nivel en donde invertimos la mayor cantidad del tiempo razonable para lograr la meta, ya que también es nuestro mejor momento para hacerlo.

Sin embargo, si empieza a pasar el tiempo, los intentos, el uso de nuestros recursos y no logramos lo que anhelamos, el cauce natural de esa curva irá en bajada. Vamos a empezar a cansarnos, a desgastarnos y quizá comencemos a perder de vista lo bien que nos hacía sentir el objetivo. Es posible que, en algún momento, el desgaste se convierta en *burn out*, que es esa sensación de que hemos quemado toda nuestra energía, intereses, sueños y recursos.

Por eso, tenemos que conocer lo que deseamos lograr y cómo lo estamos tratando de alcanzar. Es bueno que nos preguntemos si tenemos claro lo que queremos, cómo podemos materializarlo, con qué, con quién e incluso cuándo nos estamos frustrando o desencantando.

Y justamente por eso es que el estrés, la mayoría de las veces, es visto como algo negativo. Porque en algunas ocasiones no sabemos o no podemos sacarle el mayor provecho a esa inquietud y emoción inicial que nos indujo a generar un cambio o lograr una nueva meta, ya que nos aventuramos sin planear, sin organizar y sin prepararnos.

ROMPE TUS LÍMITES

Es normal que cuando el estrés se convierte en desgaste y la motivación no es clara pensemos en abandonar. Pero es necesario luchar contra las barreras de la resistencia. Para ello podemos utilizar las siguientes herramientas, que nos llevarán a un máximo nivel personal, sin transgredir nuestro desarrollo positivo:

- **Incentivos claros.** A veces no es del todo certero lo que podemos ganar al final del viaje o si vale la pena el esfuerzo. Por eso es importante, antes de comenzar, detenernos a evaluar todos los escenarios posibles respecto a lo que nos implicaría intentarlo (costos y recursos) y saber claramente qué vamos a obtener y qué es lo que no deseamos.

- **Plan de acción.** Es esencial tener un plan de acción para alcanzar nuestras metas y, sobre todo, hacer lo necesario para cumplirlo. A veces nuestras creencias, ideas o indisciplina nos vencen, sin haber siquiera iniciado la acción. Otras, no consideramos qué estrategias aplicar cuando queremos abandonar o cuando se presentan situaciones desafiantes.

- **Resignificación de acuerdo a la situación.** A veces el resultado puede darse, pero no de la forma que lo esperábamos. Quizá no me dieron el puesto de trabajo que deseaba pero me ofrecieron otro. Quizá no compré el auto del año pero logré comprarme un auto. Quizá no bajé los kilos que soñaba pero ahora me siento más cómodo con mi talla. Hay tantas experiencias que no finalizan como lo habíamos pensado y, aun así, logramos la meta. **A veces no necesitamos un milagro o un reinicio total, sino una resignificación de lo que alcanzamos.**

- **Reconocimiento.** Es importante que a cada paso dado le brindes el reconocimiento que merece. Pero tengo que ser claro en este punto: no me refiero al reconocimiento externo, de la gente, sino el tuyo. El verdadero reconocimiento que tienes que validar es el que tú haces al revisar tus avances, cumplimientos, tropiezos y renovaciones, e incluso tus sentimientos respecto a los resultados que vas obteniendo.

- **Apropiación permanente.** Debemos trabajar con determinación por hacer lo necesario para apropiarnos de cualquier escenario que se presente, aunque de pronto sea confuso, complicado o más desafiante de lo que habíamos imaginado. Y aunque una opción siempre latente es replantearnos lo que estamos realizando o incluso abandonar, debemos comprometernos a no hacerlo, no al menos sin antes haber explorado todas las razones y situaciones posibles, que nos permitan apropiarnos de un nuevo camino para lograr el resultado. Apropiarte significa que estás en control de la situación y que tendrás un aprendizaje que te permitirá adquirir nuevas habilidades y estrategias.

LAS PREGUNTAS INDICADAS

Prepara el camino de la motivación y apóyate en las siguientes preguntas:

- ¿Qué logro te hace sentir orgulloso al platicarlo o recordarlo? ¿Has pensando en materializarlo de alguna manera para tenerlo como un recordatorio? Por ejemplo, en un cuadro, con fotos, con objetos que te lo recuerden, etc.

- Generalmente, ¿qué pensamientos o emociones son los que te frenan para iniciar alguna meta?

- ¿Qué canción, pintura, cuadro o frase te inspiraría para alcanzar tus objetivos?

- Cuando estás concentrado en lograr algo o te determinas a hacerlo, ¿de qué, quién o dónde obtienes ese empujón para no claudicar y seguir avanzando?

- ¿Con qué frecuencia das un último esfuerzo antes de llegar al objetivo? ¿Qué piensas cuando lo haces?

COMPARTO MI EXPERIENCIA

"Como todos, he vivido experiencias que me han llevado de la alegría a la tristeza, he pasado de la euforia a pensar que ya no podía más. Puedo decir que soy dedicado y comprometido con mis responsabilidades, a pesar de cualquier circunstancia adversa. Sin embargo, recientemente me descubrí menos motivado que de costumbre y, al darme cuenta de ello, no lograba encontrar la razón. Me encontraba un poco irritable, cansado, menos alegre e incluso apático. Después de reflexionar al respecto y platicar con algunos amigos, encontré la respuesta. Me estaba olvidando de 'consentirme' con el logro de metas pequeñas que fueran mi inspiración, motivación y el escalón para objetivos más grandes. A veces no nos damos cuenta de la importancia de los detalles, ya sea por las exigencias del entorno, la prisa de la vida o la necesidad de urgencia. Pero qué importante es entrenarnos y trabajar por pequeñas metas que nos motiven, nos brinden experiencia, nos faciliten flexibilidad y la sensación de logro".

ARTURO, importador y comerciante.

EJERCITO EL CAMBIO

En la búsqueda y avance hacia nuestros objetivos, tendremos que identificar los momentos para descansar o acelerar el ritmo, concentrarnos y avanzar sin desgastarnos física ni emocionalmente, con la conciencia de dar ese extra cuando sea posible.

Para lograrlo, vamos a registrar y revisar el nivel de energía, atención e interés que tenemos en las actividades que conforman nuestras metas:

Paso 1: selecciona tu meta y una actividad clave de esa meta.

A continuación te comparto 3 ejemplos:

Meta 1: hacer actividad física.
Actividad clave: correr 3 kilómetros diarios.

Meta 2: aprender un idioma nuevo.
Actividad clave: tomar una lección semanal de 3 horas por un año.

Meta 3: hidratarme correctamente.
Actividad clave: beber en promedio 2 litros de agua por día.

Paso 2: crea una hoja de trabajo

1. Toma una hoja de papel y divídela en tres columnas.

2. En cada columna escribe una meta.

3. Una vez que inicies con las actividades de tu meta, anota diariamente en forma de lista el resultado de tu actividad. Por ejemplo, con la meta "correr 3 kilómetros diarios".

Día 1: Resultado: 2 kilómetros.
Día 2: Resultado: 3 kilómetros.
Día 3: Resultado: 1 kilometro.
Día 4: Resultado: 6 kilómetros.

4. Cada semana revisa el desempeño que tuviste por actividad y marca cada resultado de acuerdo a estos parámetros:

A. Poco interés: menos de 3 kilómetros diarios.

B. Concentrado: 3 kilómetros diarios.

C. Posible desgaste: Más de 3 kilómetros diarios.

Paso 3: revisa tu desempeño e identifica qué puedes ajustar en cada actividad y en cada meta.

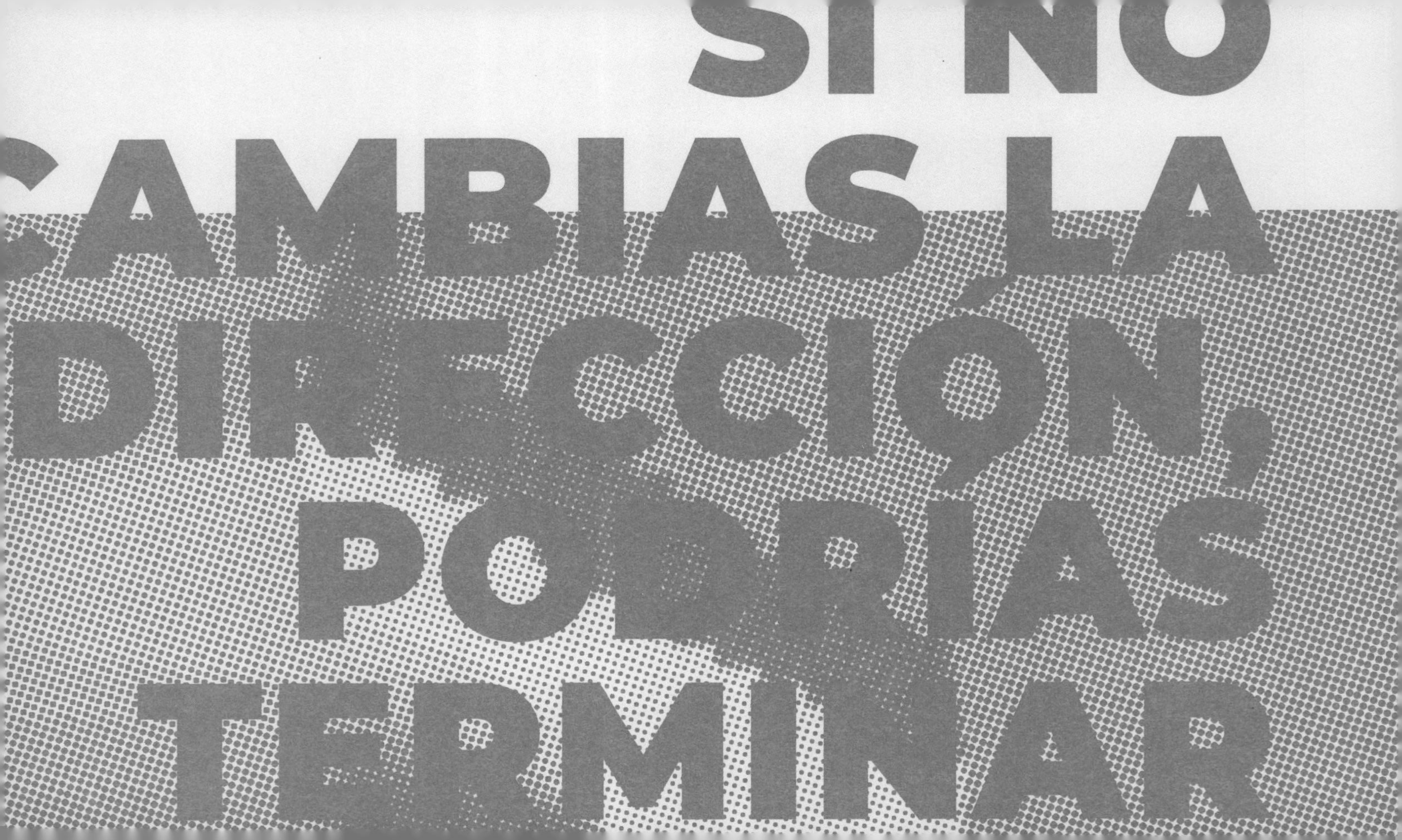
SI NO
CAMBIAS LA
DIRECCIÓN,
PODRÍAS
TERMINAR

“SI NO CAMBIAS LA DIRECCIÓN, PODRÍAS TERMINAR DONDE HAS EMPEZADO”.

LAO TZU

Andar mucho camino no garantiza que estemos avanzando. De la misma manera que dedicar nuestra atención a una sola tarea no es garantía de obtener el resultado esperado. Trabajar por lo que deseamos requiere movimiento y acción, pero deben estar bien dirigidos y administrados, de tal forma que logremos grandes avances paso a paso, con pequeñas victorias que nos permitan saborear la posibilidad del logro máximo, pero también con la flexibilidad necesaria para ajustar la ruta en caso de requerirlo. Enfocarnos en metas alcanzables nos brindará la suficiente motivación y energía para ir por más, aun cuando tengamos un revés o nos enfrentemos a una modificación del plan original. Tomar a tiempo la decisión de romper el plan inicial y replantear uno nuevo, en ocasiones, puede ser tan motivador como una victoria.

CAP 6

LO QUE FUI Y LO QUE SERÉ

KIT ESENCIAL

1. Lo que una vez fue tu mayor logro o fracaso, hoy es una experiencia a la que siempre puedes volver para aprender más de ti.

2. Siempre estás soltando y cambiando algo. En cada decisión que tomas, sueltas y recibes al mismo tiempo.

3. Del pasado lleva contigo solo lo necesario, lo útil, lo que todavía tiene vida y aún puede crecer contigo.

4. Date la oportunidad de visualizar más y recordar menos. Dale su lugar a lo que viene y no a lo que ya pasó.

5. **CONSEJO:** las cosas que no usas libéralas a los seis meses. Las ideas y sentimientos que te vulneran suéltalos de inmediato.

USO MIS RECURSOS

SUELTA. ¿Qué sería de nuestra vida sin los recuerdos? Quizá no habría testigo propio o ajeno que avivara las enseñanzas del pasado. Si los recuerdos fueran tan solo referencias o material de consulta, sería genial. Pero no, les gusta hacerse presentes, a veces, como la única forma de entender y vivir la vida. Y precisamente eso hace la diferencia entre lo que fuimos y seremos, cuando le damos al pasado su lugar como recuerdo y experiencia, y le otorgamos al presente y futuro su espacio de creación y transformación. De tal forma que soltar lo que fue no solo es una opción, sino la mejor decisión para seguir avanzando.

APRENDE A DEJAR IR

Conforme avances hacia objetivos más significativos, los desafíos, retos y experiencias que irás atravesando y acumulando en el camino tendrán mayores cargas emocionales y dejarán huellas más profundas en tu persona.

Esas huellas nos recuerdan el momento en el que afrontamos con aplomo un reto, cuando avanzamos a pesar de la incertidumbre o cuando calmamos la inquietud de que el objetivo no salga de acuerdo a lo planeado. Incluso nos señalan las muchas ocasiones en las que solo esperamos contar con un poco de buena fortuna.

Por tal razón, nuestra responsabilidad y capacidad de discernir cuáles de esas experiencias nos van a acompañar en nuestras aventuras es de suma importancia.

Considera que en todo momento estarás tomando decisiones sobre lo que deseas lograr, pero también sobre lo que sientes al respecto. Y no tardarás demasiado en darte cuenta de que decidir llevar o dejar algún recuerdo requerirá de valor y coraje, tan grandes como la fuerza que te impulsó a cambiar.

Pero justamente aceptar lo anterior, así como la posibilidad realista de soltar, dejar ir o incluso tener que perder, forman parte de nuestra esencia, de nuestra capacidad de adaptación y apropiación. Y son los pilares esenciales del aprendizaje significativo que, a la larga, podrán representar la poderosa diferencia entre cruzar la meta o casi llegar hasta ella.

Si bien es cierto que pasado y presente son un lienzo sobre el que trazamos nuestro futuro, eso no significa que dependamos totalmente de las acciones y experiencias ya vividas.

Una pérdida, una derrota, un éxito, una amistad o alianza, e incluso un amor, serán beneficiosos en la medida que sepamos tomar lo mejor de cada situación o vínculo, entendiendo que las circunstancias son cíclicas y que no todos los que se sumen a nuestra travesía en algún momento, forzosamente tendrán que cruzar la meta con nosotros.

A lo largo de nuestra vida tendremos la oportunidad de compartir momentos y experiencias tan diversas como las personas con las que los viviremos. Recordemos a los amigos del vecindario, los compañeros de curso o escuela, o incluso familiares de quienes, sin duda, fuimos tomando ejemplos, recuerdos, anécdotas y, muy probablemente, aprendizajes para la vida. Con algunos convivimos días, con otros meses o años, pero aunque no todos siguieron el camino con nosotros de forma física, nos estarán acompañando a través de lo vivido y aprendido con ellos. A veces es igual o más significativo en nuestra vida aprender a recordar, aplicar y disfrutar lo vivido con alguien, que el hecho de continuar juntos. Tomar lo valioso de cada persona nos ayuda no solo a relacionarnos mejor, sino también a apreciar cada etapa y momento de la vida.

Aprender a dejar ir hace el camino ligero, la carga menos pesada para el avance más sólido y nos ayuda a conocer más de nosotros. Nos facilita la toma de decisiones más rápidas y efectivas, centradas en lo que será y no en lo que fue.

Cuando elegimos y dejamos ir, le damos un lugar verdadero a las situaciones actuales de nuestra vida y nos educamos para identificar, entender y valorar lo que hemos logrado y lo que podemos hacer más adelante. No existe ejercicio personal más importante que autoevaluarnos, aceptarnos e incluso perdonarnos. Soltar no es perder, como acumular no es tener.

Tan importante es prepararnos para avanzar con todo y contra todo, como aprender y entrenarnos para dejar ir sin sentirnos culpables. Dejar en el pasado una experiencia, persona o situación que ha cumplido una etapa con nosotros, no significa que la estemos olvidando. Estamos evolucionando nuestro juicio a partir de nuestra capacidad y derecho de vivir, analizar, resignificar y continuar con nuestros proyectos hasta el final.

QUÉDATE CON LO BUENO

Soltar nos abre la puerta a otra oportunidad igual de importante: la sabiduría de seleccionar todo lo que es valioso del pasado. Hacerlo representa uno de los retos personales más desafiantes y emocionales, ya que a veces tenemos que volver a recorrer experiencias que quizá no fueron tan placenteras como hubiéramos querido. Pero este ejercicio es determinante para empezar a generar esa sabiduría que, con el tiempo, pueda ser una de nuestras mejores herramientas de vida.

Saber tomar lo mejor de cada experiencia nos permite seguir avanzando, sin que el pasado marque de por vida nuestras decisiones, acciones y sentimientos.

Generar la sabiduría necesaria para aprender a pasar con éxito la delgada línea entre lo que fuimos y lo que deseamos ser es la forma más sublime de reinventarnos a partir de cómo abordamos las experiencias pasadas. Dicho de otro modo, cómo regresamos la mirada, el pensamiento y la emoción para comprender y reinterpretar nuestras decisiones y acciones, sin castigarnos o vanagloriarnos en el proceso.

La forma en la que lo hacemos y en qué y para qué concentramos nuestra atención y energía es lo que marca la diferencia respecto a los aprendizajes que tomaremos en beneficio de nuestro presente y futuro.

Date la oportunidad de reinterpretar la forma en que la entiendes y recuerdas lo que te pasó, tratando de mirarlo desde diferentes y nuevos enfoques que no estén orientados en lo sucedido, sino en lo que puede suceder después.

Cuando vivimos una situación inesperada, que puede movernos mucho emocionalmente, es normal que pensemos y nos concentremos en las consecuencias inmediatas de esa experiencia. Puede ser una discusión con alguien cercano, un cambio de residencia, cambiar de trabajo o escuela, o un distanciamiento de una persona que queríamos mucho. En el momento puede ser difícil de vivir y, sobre todo, de explicar. Sin embargo, conforme pasa el tiempo, lo mejor es dejar de recordar lo que sucedió (anclarnos en el pasado), para preguntarnos y responder qué nos enseñó y para qué nos sucedió (concentrarnos en el futuro).

Cada experiencia es una enseñanza con su carga emocional, con su forma intelectual, con su vinculación social e incluso con su impacto y trascendencia en nuestra realidad momentánea.

Por eso es importante discernir. Considera, por ejemplo, que el recuerdo que te puede estar acompañando actualmente sobre algo, no es forzosamente el aprendizaje de la experiencia, sino la emoción de lo que sentiste en ese momento. Que además bien pudo fortalecerse por el entorno que formaba parte activa de tu vida en esa situación.

Entonces, siempre tendrás dos retos: el primero es concentrarte en identificar la enseñanza de cualquier experiencia y, el segundo, buscar que el aprendizaje esté siempre orientado hacia lo positivo.

Recuerda que incluso el trueno más fuerte puede servir de luz para alumbrar tu camino. Todo depende de la utilidad que le des.

CREA TU FUTURO

Cuando empiezas a hacer parte de ti el hecho de soltar lo que no te construye y tomar del pasado lo que verdaderamente puede ayudarte a crecer, empiezas a cimentar las diferentes formas de interpretar lo ocurrido y trabajar para lo que viene. Comienzas a enfocarte y visualizar hacia el futuro.

La visualización de lo que deseamos en el futuro es determinante no solo para alimentar nuestra motivación, sino también para empezar a delinear cómo será el proceso para lograrlo. Además, cuando les permitimos a todos nuestros sentidos que participen de esta visualización, se abre un universo de posibilidades, formas, colores, texturas, aromas y experiencias vividas, que hacen más realista y alcanzable lo que estamos proyectando.

Ver hacia adelante a partir de hechos concretos de nuestro pasado no es tarea fácil e incluye la capacidad de dar forma a cómo podrían realmente ser nuestros sueños. Pero tenemos que hacerlo de manera realista, organizada, alcanzable y delimitada en el tiempo y el espacio. Nuestra mente es tan poderosa que puede abrir la posibilidad de que suceda lo que deseamos.

Es aquí donde tenemos participación activa y responsable sobre lo que deseamos ser y empezamos a alejarnos de lo que fuimos. Debemos ser objetivos y conscientes antes de empezar a soñar despiertos, y no olvidarnos de la importancia de tener metas claras, alcanzables y, preferentemente, encadenadas a otras que estén ocurriendo en el presente.

Lo que seremos tendrá entonces mucho de lo que somos, de cómo cuidamos nuestros recursos actuales, administramos nuestra energía y respetamos nuestros tiempos.

Esto nos permitirá no solo pensar en líneas generales todo lo que necesitamos para que se materialice lo que deseamos, sino que podemos ir trabajando paso a paso, desde ahora, para construir por etapas pequeños éxitos. Por ejemplo, en mis conferencias, cuando platicamos acerca de lo que les gustaría tener en su futuro, la gran mayoría de personas me dice que quiere un negocio propio. Y cuando les pregunto "¿y hasta ahora qué han hecho para que se materialice?", la respuesta, muchas veces, es "nada". Existe la idea o creencia de esperar el mejor momento, las condiciones adecuadas, o los recursos necesarios para hacerlo realidad, perdiendo de vista que el dinero, las relaciones o habilidades para ese negocio en el futuro empiezan con acciones en el presente.

El futuro siempre será la realidad de nuestros pensamientos y sueños pasados. Y la forma que tome tendrá las bases sólidas que construyamos en el presente.

Es por eso que pasar de lo que fuimos a lo que deseamos ser dependerá de nuestra capacidad estratégica y convicción de convertir los desafíos en oportunidades, los fracasos en aprendizajes y las posibilidades en resultados palpables y exitosos.

Recuerda que el éxito ya vive en ti y solo te pide la oportunidad de honrarlo sabiamente.

LAS PREGUNTAS INDICADAS

Responde estas preguntas y actualiza sus respuestas cuando quieras dar nuevos pasos hacia tu gran cambio:

•

¿Vives pensando en el pasado, recordando y añorando viejas épocas? ¿A qué crees que se deba?

•

¿Cómo te visualizas de aquí a unos años? Imagínalo y descríbelo con detalles.

•

¿Has perdido alguna oportunidad por miedo a soltar? ¿Cuál fue?

•

¿Hay algún hecho que te gustaría dejar en el pasado pero te cuesta hacerlo? ¿A qué crees que se deba?

•

¿Qué tomarías de tu pasado para construir tu futuro?

COMPARTO MI EXPERIENCIA

"Definitivamente, no hay fórmulas exactas ni mejores momentos que nos ayuden a darnos cuenta de que es tiempo de cambiar. Mi gran transformación fue cuando no pude sostener más mi condición de desempleada. Empezaron a invadirme muchas preguntas, tales como: '¿de qué manera puedo vencer esta resistencia al cambio? ¿Cómo puedo hacer las cosas de una forma diferente? ¿Quién soy si no me defino por mi pasado y por todo lo que fui?'. Cada cuestionamiento comenzó como un ruido para convertirse en una guía. En el momento en el que acepté que no existen señales precisas, avisos luminosos o personas especiales que aparecerían para indicarme por dónde andar, logré empezar a cambiar. Aprendí que puedo sentarme a esperar que las cosas a mi alrededor se transformen o ir cambiando yo mi realidad, tomando las mejores enseñanzas de mi pasado y construyendo mi futuro. Así fue que creé mi pequeño emprendimiento".

MARÍA, emprendedora.

EJERCITO EL CAMBIO

Te recomiendo que cada tres meses hagas el siguiente ejercicio de autoevaluación:

1. Utiliza una cartulina de forma horizontal.

a. A lo largo de toda la hoja, traza tres líneas verticales distribuidas uniformemente, creando así una tabla de cuatro columnas.

b. En la primera columna, pon el título "Indicador"; en la segunda columna, el título "Frecuencia"; en la tercera, "Utilidad"; y en la cuarta, "Acciones".

2. Columna 1: "Indicador"

a. Aquí vas a enlistar los siguientes datos: personas, hábitos y creencias.

b. Personas: enlista a todas aquellas personas que participan de una u otra forma en tu vida diaria. Por ejemplo: tus compañeros de trabajo, pareja, conocidos, amigos, vecinos, etc.

c. Hábitos: enlista aquellos hábitos que forman parte de tu vida y que realizas, al menos, una vez por mes. Por ejemplo: correr una vez por semana, probar comida rápida los viernes, levantarte tarde los sábados.

d. Creencias: enlista aquellas creencias que aparecen recurrentemente en la toma de decisiones en tu vida diaria. Por ejemplo: evitas hablar de tus proyectos antes de concretarlos porque crees que es mala suerte, no conoces gente a través de las redes sociales porque consideras que aquellos con un perfil virtual no quieren una relación seria, etc.

3. Columna 2: "Frecuencia"

a. En cada uno de los "Indicadores" marca la frecuencia: Muy frecuente, Frecuente, Poco frecuente y Nada frecuente.

4. Columna 3: "Utilidad"

a. Califica los "Indicadores" de acuerdo a la utilidad que representan en el momento de tu vida que estás realizando este ejercicio, acompañado de una breve nota que explique el porqué. La escala es: Muy útil, Útil, Poco útil, Nada útil y Sin relevancia.

5. Columna 4: "Acciones"

a. En base a la **"Frecuencia"** y **"Utilidad"**, asígnale a cada **"Indicador"** una **"Acción"** para los siguientes tres meses o el período que elijas para evaluarte nuevamente. Por ejemplo: "Correr una vez por semana", acción: "Correr tres veces por semana"; "Comunicación diaria con mi ex", acción: "Comunicación semanal con mi ex, solo por temas referidos a los niños".

Así identificarás lo que realmente es necesario seguir manteniendo vigente en tu vida y lo que puedes dejar atrás.

EL CAMBIO
NO ES
TANTO SER
EL PRIMERO
EN ACEPTAR

“EL CAMBIO NO ES TANTO SER EL PRIMERO EN ACEPTAR UNA IDEA NUEVA, SINO SER EL PRIMERO EN OLVIDAR UNA ANTERIOR”.

TOM PETERS

No sabe más quien acumula aprendizajes, sino quien sabe elegir lo que es útil de lo que no. A veces es mejor para nuestro futuro dejar de lado lo que nos sirvió en el pasado. Cuando dejamos atrás una enseñanza, abrimos la oportunidad para descubrir y desarrollar nuevas habilidades y experiencias. Discernir sobre lo que sería bueno e importante llevar con nosotros es similar a elegir el contenido de la maleta para un viaje. Así seleccionamos solo lo que realmente necesitaremos y, de eso, lo mejor. Consideraremos solo lo que hará la diferencia conforme avancemos, y evitaremos cargar con ideas o situaciones que utilizaremos una sola vez más. Viajaremos ligeros, con lo que nos sentimos cómodos, seguros y capaces.

CAP 7

SOY ESTRATEGA

KIT ESENCIAL

1. Cuando planeas, les das vida y oportunidades realistas a tus ideas.

2. Concéntrate en acciones cortas. La cima siempre parecerá lejana si no logras avanzar sostenidamente.

3. Un buen plan no es el que no cambia nunca. Por el contrario, es aquel que te permite replantearlo cuando es necesario.

4. Planear te brinda un mapa del terreno, desarrolla tu capacidad de estratega y afina tus habilidades de líder.

5. **CONSEJO:** un estratega sabe que a veces tendrá que sacrificar una batalla para ganar la guerra.

PLANEA

USO MIS RECURSOS

PLANEA. Del mismo modo que tu determinación sirve de motor para mantenerte motivado, planear es útil para convertir en realidad esas ideas y estrategias que consideras que pueden ser necesarias para lograr tus objetivos. Pero además y, sin duda, es el pilar más importante sobre el que descansará tu probabilidad de éxito. Planear te permite hacer visible el camino, lo que necesitas para recorrerlo e incluso anticipar los posibles contratiempos que podrían presentarse. Te hace consciente de que una idea no se materializa solo con buenas intenciones o con un derroche de habilidades, sino a partir de la clara organización y elección del mejor momento para usar tus recursos en los escenarios disponibles.

LA FUERZA DE LA FLEXIBILIDAD

Históricamente, la palabra *estrategia* encontró su origen en los campos de batalla al referirse a la habilidad y visión de algunos comandantes, capitanes y líderes militares para organizar, planificar y dirigir con la mayor precisión posible sus acciones y recursos para alcanzar la victoria.

Con el tiempo, la palabra ganó respeto e importancia pero también cierto misticismo, que trasciende incluso las habilidades y competencias de aquellos que recordamos como grandes estrategas.

Hoy se considera que un buen estratega (ya no solo en el ámbito militar sino también personal, social, empresarial, etc.), tiene la capacidad de generar "el arte de la estrategia", debido al detalle y cuidado de su planificación y ejecución, casi perfecta.

Y me gustaría enfocarme en este último concepto para dirigir tu desarrollo personal. Pero no estoy haciendo hincapié en la ejecución o el resultado perfecto, sino en el cuidado de los detalles de un plan, para todas las acciones que desarrolles en tu vida.

Ser estratega de tu vida siempre será algo más que alcanzar la victoria. Se referirá a tu capacidad de aprender de la derrota y de planear con precisión pero también de cambiar de rumbo con velocidad y agilidad cuando sea necesario.

Tomemos dos ejemplos para ejemplificar lo anterior. Uno muy recurrente: arrancamos un emprendimiento o negocio, y lo que habitualmente hacemos bien antes de comenzarlo es establecer el tipo de negocio, los productos, servicios, personal, lugar, proveedores, posibles clientes, e incluso metas de venta y cómo iremos recuperando nuestra inversión. También dónde anunciarnos y cómo compartirlo para que pueda crecer. Pero, en la mayoría de las ocasiones, no establecemos qué vamos a hacer en caso de que no se venda o posicione nuestro producto o servicio como originalmente lo planeamos.

Ser estratega no se trata solo de hacer el plan perfecto de cómo deberían suceder las cosas, sino también de tener en cuenta qué vamos a hacer cuando no salgan como esperamos. En esta pequeña diferencia se enmarca la posibilidad de cambio, éxito y estrategia. El verdadero estratega planea para saber qué hacer cuando las cosas no salen en el primer intento o como quisiera.

Pensemos ahora en una relación de pareja. A veces, tardamos en entender y reaccionar ante los hechos que no teníamos planeados. Generalmente nos conducimos pensando que siempre estaremos bien juntos. Compartir, vivir, disfrutar y crecer es lo que deseamos pero, en muchas ocasiones, el secreto de las parejas que crecen a lo largo del tiempo, no es lo que hacen cuando están bien, sino lo que realizan inmediatamente cuando las cosas no van como quisieran. En ciertos casos, responder rápido ante un hecho inesperado es mejor que esperar a tener la respuesta ideal.

Justamente, uno de los principales beneficios de la planificación es, a su vez, su más importante contrapeso.

No planeamos para que todo salga al pie de la letra, lo hacemos para tener la oportunidad de gestionar un cambio leve o drástico en el momento necesario, sin que este nos desvíe del rumbo.

De este modo, tu mayor fortaleza será avanzar con precisión y flexibilidad ante las diferentes circunstancias que se presenten en tu camino al éxito.

Por eso, una de las características de los líderes es su sabiduría para saber cuándo soltar, dejar ir, adecuar y replantear microestrategias o grandes acciones que les permitan seguir adelante.

Los buenos estrategas siempre se han caracterizado por estudiar hasta el más mínimo detalle del campo de batalla, de su enemigo, de su mismo ejército y de todas las variables posibles que podrían aparecer al momento de la batalla y transformar la escena de un momento a otro. Lo hacían para planificar, organizar y optimizar el mejor uso posible de sus recursos, no solo con la finalidad de obtener el triunfo, sino también de disminuir las bajas y pérdidas.

Ahora, si esto lo relacionamos con la realidad actual, en donde todo es altamente cambiante y, lo que hoy está vigente, con mucha probabilidad mañana no lo esté, la capacidad de planificar con flexibilidad nos brindará una ventaja similar a la de los grandes capitanes de la Historia.

No ser flexibles en nuestra estrategia, debido a nuestra emoción, ideas o creencias, podría llegar a ser demasiado costoso a largo plazo. Incluso podría poner en riesgo el éxito total de nuestros objetivos y metas.

ACCIONES CORTAS Y ENCADENADAS

¿Cómo hacían los grandes líderes de la Historia para responder con velocidad y agilidad ante los desafíos que se les presentaban? ¿Cómo eran capaces de movilizar, casi inmediatamente, grupos de personas, recursos y tácticas hacia distintos escenarios?

Justamente ahí radica otro de los pilares clave del estratega, que marca la diferencia entre vencer o ser vencido. La capacidad de pensar, visualizar, materializar y operar un gran ejército en su totalidad o (y atención aquí) a través de sus diferentes partes.

Y, para lograrlo, justamente nos apoyamos en la planificación, en nuestra capacidad de enlazar en partes más pequeñas, realizables, flexibles y adaptables las diferentes metas y actividades.

Establecemos acciones cortas y encadenadas para nuestro trabajo estratégico, logrando tener más control, optimización de recursos, agilidad de movimiento, velocidad en el avance, evaluación y detección de problemas, y mejores tiempos de recuperación. Además, nuestras tareas tienen un mayor alcance y un mejor manejo de las pérdidas, ya que siempre será más fácil y menos costoso replantear, recuperar e incluso abandonar una meta en vez de todo el objetivo.

Por ejemplo, si quiero poner un negocio, lo mejor que puedo hacer es asegurarme de cumplir cada parte de lo necesario como requisito para avanzar a la siguiente fase. Si quiero poner una tienda de regalos, asegurarme primero de obtener los permisos necesarios. Una vez logrado eso, busco proveedores que me den buenos precios. Cuando los tengo, les pregunto a mis posibles clientes si esos productos serían de su interés. Al confirmarlo, realizo una compra bien pensanda de los productos. Después de eso, rento el lugar para, por último, lanzar la publicidad. Un error común es lanzar la publicidad, anunciar el negocio e incluso hasta hacer gastos pensando en las posibles ganancias, sin tener el permiso de habilitación del negocio. El estratega nunca da pasos por adelantado y tampoco dos pasos al mismo tiempo.

Imagina por un momento algún desafío que estés viviendo actualmente: ¿cómo te encuentras respecto a él? ¿Te incomoda no poder resolverlo como quisieras? ¿Sientes incertidumbre o ansiedad? ¿Te sientes rebasado por algo que parece imposible de lograr? ¿Es tan alta la expectativa que parece inalcanzable? Justamente todo este malestar puede ser porque no realizaste la planificación adecuada o, si la hiciste, los puntos de apoyo, descanso o evaluación están demasiado distanciados entre ellos. **Si nunca has corrido un maratón, no te concentres en la meta final, trabaja para lograr los primeros cien metros de forma constante.**

Tienes la capacidad y oportunidad de empezar a construirte como estratega de tu propia vida. En la medida que tomes el control de las diferentes partes, situaciones, escenarios, posibilidades y respuestas que conformen tu objetivo como un todo, serás cada vez más capaz de avanzar, en lugar de preocuparte por regresar, reiniciar o incluso fracasar.

Esa es la esencia de planificar: saber definir y accionar a través de actividades pequeñas y controladas, que a su vez formen parte de una más grande, lo cual puede ser además de amigable, realmente sostenible y alcanzable.

TÁCTICAS EFECTIVAS Y REALISTAS

Si a la planificación, flexibilidad y trabajo por bloques les agregas algunas tácticas realistas que te permitan reflexionar y accionar al mismo tiempo, lograrás enfocarte más en planear que en estar solucionando problemas. Podrás empujar con todas tus fuerzas el avance y, rara vez, querrás abandonar o frenar.

Empezarás a ganarle tiempo al tiempo y tendrás el espacio necesario para afinar tu plan. Cuando hay estrategia no solo hay esperanza, también hay alternativas y oportunidades que pueden ser tomadas. Para ello, a continuación te comparto algunas líneas de trabajo que, como tácticas, pueden ayudarte en los momentos más decisivos:

- **Hazlo visible:** todas tus ideas, tus notas mentales, los puntos más significativos de tu plan de trabajo, recordatorios ligados a acciones, fechas importantes y responsables de actividades, hazlos visibles. Para ello, puedes utilizar recursos individuales y grupales: para ti, usa una libreta, agenda o aplicación de notas; para el grupo, recordatorios y notas digitales. Y, en espacios compartidos, usa pizarras o tableros. Tener tu plan a la vista te ayudará a recordarlo, evaluarlo y trabajarlo.

- **Comparte y facilita:** asegúrate de que la información que compartas siempre sea clara pero, sobre todo, verifica que fue comprendida y que los demás saben qué hacer con ella. Las personas relacionadas con tus actividades y objetivos deben tener la información de primera mano y actualizada. Busca además la forma de facilitarles las tareas, usa ejemplos, referencias pasadas o incluso imágenes.

- **Inspira e invita:** sin importar si las personas que te apoyan tienen diferente personalidad y experiencia, hazlos sentir parte de tus objetivos. Invítalos no solo a hacer su parte, sino también a sentir que comparten la misma meta. Siempre brinda una razón, una causa y una esperanza, así anticiparás las preguntas "para qué hacerlo" y "cuál será el impacto de hacerlo". Y, de este modo, tienes la posibilidad de lograr siempre algo más grande.

- **Administra y gestiona:** cuida tus recursos porque son la base de toda estrategia y son finitos. Encárgate de estar informado del dinero del que dispones, cuentas, insumos, herramientas, colaboradores y documentos. **Eso te permitirá gestionar adecuadamente su ubicación, cómo están organizados, para qué se usan, si pueden sustituirse, si realmente los necesitas o puedes prescindir de alguno.**

- **Reconoce y acepta:** todo el tiempo estarás colaborando con diversas personas relacionadas o involucradas de manera diferente con lo que estás haciendo. Como estratega usa a tu favor su experiencia, su visión, sus recursos, sus ideas y sugerencias. Recuerda que soltar puede permitirte ganar más y en menor tiempo. Aprende a leer y aceptar lo bueno que aporta cada persona a tu alrededor y también reconoce su esfuerzo y trabajo.

Ser líder de tu vida es mucho más que exigirte tener ideas que sobresalgan del resto, que realizar actos de valentía, que tomar decisiones inesperadas, que resistir con determinación hasta que en algún momento el resultado se logre. Tu "yo líder" evolucionará conforme le permitas desarrollar al estratega, al que planea, a quien evalúa y usa adecuadamente sus recursos, a quien determina puntos de apoyo para sus planes y a quien se permite soltar y cambiar de ruta.

LAS PREGUNTAS INDICADAS

Cuando cambias las preguntas, cambias también la combinación de factores y ya tienes una ventaja. Cuestiónate:

- **¿Qué otras rutas puedes trazar para lograr tu objetivo?**
- **¿Puedes fragmentarlo aún más?**
- **¿Cómo haces visible tu plan de acción?**
- **Llegado el momento, ¿puedes prescindir de algún recurso?**
- **¿Comunicas con claridad las ideas a tus compañeros?**

COMPARTO MI EXPERIENCIA

"¡Nunca pensé que podría ser una estratega y, mucho menos, en el amor! Por eso, me preguntaba: cómo es posible que una persona piense un plan para algo tan emocional, bello y natural. La idea de planificar y organizar cómo abordar mis relaciones amorosas me hacía sentir fría y calculadora. Platicando con una amiga sobre mis recientes fracasos amorosos, ella insistía en que me faltaba ser más estratégica en esos vínculos. Empecé a reflexionar al respecto y pensé qué podría perder si, hasta el momento, el resultado era 'soltera y sin cita cercana'. Así fue como, por primera vez en mucho tiempo, dejé de pensar en el objetivo de encontrar un amor para toda la vida y me concentré en lograr pasos más pequeños, que me acercaran a la pareja que tanto anhelaba. La primera meta fue divertirme con mi siguiente cita y asegurarme de que mi pareja también lo hacía. La segunda, fue generar confianza para poder platicar de temas más personales e importantes para cada uno. Y eso nos llevó a la tercera meta, que fue construir pequeños proyectos juntos. A partir de esto, no solo logramos hacer un primer viaje en pareja, sino que hoy tenemos un hogar con dos hijos y estamos trabajando para comprar una casa".

DANIELA, vendedora en una librería.

EJERCITO EL CAMBIO

¿Qué pasa cuando, en el camino, todo empieza a ser diferente de lo que imaginamos al inicio? La probabilidad de que se vuelva una tarea imposible de alcanzar aumenta considerablemente. Lo importante aquí es no esperar a que los hechos sucedan, sino tratar de predecirlos desde que elaboramos el plan inicial.

Es por eso que vamos a poner en práctica las siguientes estrategias:

1. El mapa visual: nada nos ayuda más cuando estamos ante un proyecto, que poder "verlo" para identificar en qué lugar comenzamos, dónde está la meta y cuándo podría haber paradas.

a. Vuelve a la línea de tiempo que realizaste en el capítulo 1.

b. Piensa cuáles son las posibles situaciones o momentos en donde tendrás que detenerte o poner más atención para alcanzar tus metas. Agrégalas en la línea de tiempo. Por ejemplo, si tu meta en un año es mejorar tu alimentación, sería bueno que marques una parada cada cuatro meses para evaluar cómo has mejorado y, cada seis meses, un examen médico.

2. Identifica los 3 escenarios:

a. Anticipa al menos 3 situaciones no previstas que puedan presentarse en el desarrollo de tu objetivo, con sus 3 posibles alternativas de solución. Imagina la primera como un cambio leve del plan original, la segunda como un cambio medio y la tercera como un cambio drástico. Por ejemplo:

- **Cambio leve:** te modifican el horario de trabajo y tienes menos tiempo para preparar tus comidas.
- **Solución:** preparar las comidas de la semana durante el fin de semana, organizando comidas fuertes, pequeños bocados y almuerzos.
- **Cambio medio:** se presenta un gasto extraordinario que reduce el presupuesto para comprar ingredientes, alimentos de mejor calidad o específicos.
- **Solución:** determinar si puedes comprar los mismos ingredientes pero más económicos en comercios mayoristas, que te permitan seguir con tu plan alimentario.
- **Cambio drástico:** te enfermas y tienes que me modificar la dieta. Y eso, además, te impide dedicarle tiempo a la preparación de tus alimentos.
- **Solución:** platicar con el médico y preguntarle si dentro de tu dieta de recuperación puedes mantener algo de lo que estabas consumiendo para mejorar tu alimentación. En caso positivo, revisa si puedes seguir preparando tú mismo las comidas o necesitas buscar ayuda para que alguien más las prepare para ti.

NO REPITAS
LAS
TÁCTICAS
ON LAS QUE
AS GANADO

“NO REPITAS LAS TÁCTICAS CON LAS QUE HAS GANADO UNA VICTORIA, SINO DEJA QUE TUS MÉTODOS SEAN REGULADOS POR LA INFINITA VARIEDAD DE CIRCUNSTANCIAS”. SUN TZU

Cada uno de los retos diarios o a largo plazo que tengamos que enfrentar, tendrá su particular forma de exigirnos. Por eso, una de las cualidades más valiosas de un estratega no es poder replicar con éxito una táctica, sino adecuarla a las condiciones particulares de cada momento y situación. Si algo te funcionó en el pasado, úsalo, pero no sin antes identificar que realmente sea útil en el presente y el futuro.

Cada triunfo de nuestra vida nos llena de energía, confianza, aprendizajes y experiencias que podremos usar en desafíos futuros. Nos brinda, además, sensaciones únicas e irrepetibles de alegría, placer y seguridad psicológica y, justamente, esto último es lo que tenemos que resaltar y recordar siempre.

CAP 8

TENGO EQUIPO

KIT ESENCIAL

1 No solo tu habilidad y determinación son necesarias para llegar a la meta. En muchas ocasiones será más importante tu capacidad de colaborar con otros.

2 Si eres observador, te darás cuenta de que un compañero bien informado y con incentivos claros podrá ser más valioso que contar con recursos ilimitados.

3 A veces, con una persona con ideas diferentes a las tuyas puedes llegar más lejos que con aquellos que piensan igual que tú.

4 Un equipo no solo te ayuda a llegar más lejos, te permite también descubrir tus capacidades de compañero y líder.

5 **CONSEJO:** entrénate para delegar y confiar, tanto en las personas que quieren apoyarte como en las que desean crecer. En ambos casos ganas en capacidades y recursos.

USO MIS RECURSOS

DELEGA. Trabajar en equipo no solo multiplica nuestra capacidad de logro. Sirve también para distribuir entre todos la carga que puede suponer hacernos responsables y comprometernos con una tarea, brinda diferentes perspectivas para llegar a una meta y aporta muchos más recursos y capacidades de las que podríamos disponer si hacemos todo por nuestra cuenta. Pero también representa el desafío personal de confiar en que los demás harán su parte, sin estar detrás de ellos. Es clave la importancia de soltar y delegar las tareas con claridad a los demás. En la medida que te entrenes para eso podrás acercarte más a la realización de tus metas, con mayor velocidad y menos desgaste.

JUGAR EN EQUIPO

El origen de la palabra equipo es interesante. Proviene del escandinavo *skip*, que se traduce como barco, pero no hace referencia al medio de transporte, sino a lo más importante que lleva en él: su tripulación. Las personas bien organizadas para el trabajo de navegación eran fundamentales para el exitoso desarrollo de las campañas de exploración y conquista.

Para los equipos de trabajo actuales, la organización clara y bien definida de actividades entre los integrantes de un grupo sigue siendo un pilar importante, pero no lo es todo. También es determinante que se compartan intereses y compromisos comunes.

Justamente esa es la diferencia entre un grupo y un equipo. Los grupos se limitan a compartir ciertas características, tales como espacio, momentos, rasgos e intereses que no forzosamente tienen que ser en beneficio de todos. Para los equipos, por el contrario, el compromiso por el éxito y bienestar de todos es la clave de su desarrollo.

El equipo resulta entonces de la suma de personas que, agrupadas, aportan lo mejor de ellas mismas para lograr un resultado mayor que beneficiará a todos por igual, anteponiendo los logros del equipo a los personales.

El interés por entender y desarrollar las capacidades humanas en lo individual y colectivo, nos ha acompañado siempre. Sin embargo, en los últimos cien años hemos tenido avances significativos, facilitando en menor tiempo, con menores recursos y con mejores resultados, la integración de personas a equipos de trabajo cada vez más eficientes, dinámicos y exitosos.

Algunos de los indicadores y puntos clave de evolución del individuo al equipo en los últimos años son los siguientes:

- **La idea del líder.** La necesidad de que un líder sirva de ejemplo y guía.

- **Miembros independientes y capaces.** Es necesario que cada integrante del grupo desarrollare su propia inteligencia.

- **Inteligencias múltiples.** La inteligencia no es una, sino varias o múltiples, de acuerdo a cada persona. Y es justamente lo que le brinda a cada grupo su particular forma de desarrollo y crecimiento a través de la utilización de diferentes conocimientos y recursos de cada uno de sus integrantes.

- **Inteligencia emocional.** Implica un coeficiente que incluye capacidades sociales y emocionales. No es suficiente el conocimiento para solucionar problemas o crear oportunidades, sino que también es necesaria la capacidad emocional que tiene cada persona para manejar las situaciones adversas, los éxitos y la forma en la que se relaciona e interactúa en un grupo.

- **Equipos de alto desempeño.** Cualquier grupo de alto rendimiento se caracteriza por una disposición positiva de ánimo, actitud compartida, enfoque y compromiso entre todos los miembros.

La conformación de los equipos no solo se centra en los objetivos, habilidades y capacidades de sus miembros. Se basa también en la asimilación, aceptación y relación que cada uno tiene con las normas y reglas del equipo, para facilitar la operación ordenada y organizada de todos.

Por ello, para trabajar en equipo te recomiendo establecer y promover la confianza entre los miembros, que se complementen las habilidades y capacidades, que haya una coordinación de información, recursos, tiempos, objetivos y escenarios, que se facilite la comunicación y se mantenga el compromiso. Pero, sobre todo, que no se pierda la individualidad, de forma que el talento, experiencia y conocimiento, sean elementos que siempre puedan aportarle tanto al individuo como al equipo.

Las ventajas de trabajar en equipo son muchas, tanto si somos parte de uno o estamos desarrollando el nuestro. Por ejemplo:

- Es más fácil mantener una actitud personal positiva.

- Obtienes cooperación y sentido de pertenencia.

- Canalizas la necesidad individual de competir facilitando la colaboración y negociación.

- Se potencia la participación en áreas o escenarios nuevos.

- Se genera un sentido emocional de aprendizaje.

- Facilita la resolución de conflictos.

- **Favorece la maduración y capacidad de realización de sus miembros.**

- Ayuda a conocernos y sacar lo mejor de nosotros mismos.

UN EQUIPO DE LÍDERES

¿Qué pasa cuando en un equipo se les da la oportunidad a todos para que desarrollen sus talentos? Se abre la posibilidad de dar vida a un equipo de líderes o de alto rendimiento. Los integrantes se concentran en lograr sus metas y en llevar hacia los mejores niveles a cada uno de sus miembros, para que puedan convertirse por ellos mismos en líderes que se asumen responsables de su propio desarrollo. Y para que, de este modo, puedan contribuir en el desarrollo de los demás.

Esto hace que las actividades se hagan entre todos, y que se concentren en la tarea y no en las personas. De este modo, invierten menor tiempo en tratar de ser líder de otros, y se enfocan en aportar en lo que son mejores para los otros.

Así se elimina la creencia y carga emocional sobre la necesidad de destacar. **Cada uno aprende sobre sí mismo cómo ser mejor, desde un lugar de crecimiento y no de competencia.** Esto facilita la flexibilidad y visión estratégica tan necesarias para crecer y generar cambios.

Una forma de empezar a lograr esto es trabajar en ti y tu liderazgo, así como en el del equipo, a través de reglas, metas y principios que les permitan concentrarse en todo lo que tiene que ver con los objetivos colectivos, distribuyendo la carga racional y emocional de cada uno en su persona y no en el equipo.

Por eso es importante que identifiques permanentemente en qué eres bueno y en qué puedes desarrollarte aún más, en lugar de estar pensando que estás haciendo mal. Y, para eso, el trabajo en equipo es muy útil, porque de una u otra forma te exigirá lo mejor de ti.

Para construir tu propio liderazgo, te sugiero los siguientes puntos a aplicar en ti y en tu relación con otras personas, en miras de formar equipos de alto rendimiento:

- Que cada uno se asuma responsable de lo que le toca hacer.

- Que cada quien administre, cuide y reporte el uso de los recursos que se le asignan.

- Que haya un liderazgo ágil, que permita la participación de todos en la toma de decisiones.

- Que se asuman reglas que les permitan tener un equipo sólido, en donde no haya lugar para excepciones y malos entendidos.

- Que cultiven la disciplina para concentrarse en los objetivos y tareas necesarias, y no en las personas.

- Que generen un clima centrado en el trabajo, en donde además se refuercen los logros y la felicidad de hacer lo que les toca.

- Que estén abiertos a la evaluación, retroalimentación y crítica permanente. Solo así podrán identificar qué se tiene y qué se puede mejorar.

- Que fomenten la comunicación inmediata, clara, concreta, con un objetivo y hacia la persona que corresponda.

- Que tengan flexibilidad para realizar actividades que puedan estar más allá de lo planeado originalmente.

- Que se aseguren que cada miembro hace lo que sabe, puede y quiere hacer.

Sería ideal que el equipo se adecuara a lo que hace bien cada uno de sus integrantes y de ahí se tomara lo mejor para el logro del objetivo.

DEL LIDERAZGO A LA INSPIRACIÓN

Todas las personas que forman parte de una organización (ya sea familiar, vecinal, laboral, etc.) necesitan creer que pueden alcanzar el objetivo, pero también confirmarlo con resultados. No basta con desearlo o pensarlo, siempre será necesario comprobarlo y mejorarlo. De ahí la importancia de que los equipos faciliten siempre aprendizajes y enseñanzas, además de motivar emociones y sentimientos de logro.

Y aunque el grupo por sí mismo marca esas condiciones de apoyo, retroalimentación y empuje, siempre hay un miembro del equipo que se destaca del resto, que se muestra líder e inspirador para los demás, que está pendiente de acompañar, guiar, escuchar y motivar. Al que todos quieren acercarse, en quien confían y quien, además, es un ejemplo de lo que se puede o quiere lograr.

Es así que siempre debes tener presente que aun entre iguales, entre líderes o personas muy afines, todos necesitan el apoyo de alguien que consideren que está un paso más delante del resto del equipo. Esto nos ayuda a tener luz en el camino y fe en que podemos realizar nuestras metas.

Por ello es importante que conozcas y tengas claridad respecto a qué situaciones, ideas, mensajes o retos te motivan, de tal forma que busques acercarte a personas que te aporten ese tipo de motivación y además sean colaboradores de tus éxitos.

Pero también es clave que identifiques lo que motiva a la gente que te rodea, que generes esas relaciones y capacidades en donde puedas ser tú el que inspire a los otros a lograr sus metas, a reforzar con ello la posible figura de liderazgo que pueden encontrar en ti.

Considera que haciendo lo que te corresponde, de principio a fin, con calidad y compromiso, ya estás estableciendo tus condiciones de liderazgo. Te asumes responsable y orientado en hacer lo tuyo, y con ello facilitas la tarea del otro. Estás demostrando que se pueden hacer las cosas bien y que no se necesitan grandes resultados o actos heroicos para ser un líder que inspire, sino alguien que es responsable con gusto con aquello que se compromete.

Reconoce los diferentes estilos de liderazgo en las personas con las que te relacionas, junto con aquellos actos que te inspiran y te muestran diversas formas de llegar a tus objetivos.

LAS PREGUNTAS INDICADAS

No te preguntes qué puede hacer el equipo por ti, sino qué puedes hacer tú por el equipo. Apóyate también en las siguientes preguntas:

- **¿Qué es lo más importante para ti al momento de colaborar con otras personas?**
- **De acuerdo a tus experiencias: ¿qué habilidades, características y recursos deberían tener los equipos de trabajo?**
- **¿Qué aspectos de tu persona tienes que trabajar para poder ser un mejor colaborador o líder?**
- **¿Qué valores son más importantes para ti al momento de colaborar con otras personas?**
- **¿Cómo te aseguras de que lo que comunicas a otras personas sea entendido y realizado?**

COMPARTO MI EXPERIENCIA

"Cuando maduré la relación con mi familia y la forma en la que abordaba mis retos diarios, me di cuenta de que siempre había tenido a mi lado a un gran equipo: una madre y dos hermanos que, desde su posibilidades, buscaban la forma de impulsarme. Y es increíble lo que pasa cuando te das cuenta qué importante es reconocer a la gente que te apoya, porque también comienzas a ser consciente de la manera en la que puedes apoyarlos tú.

Para mí fue esencial identificar a la gente que siempre estaba cerca. Muchas veces, aunque no participaron directamente o no estuvieron de acuerdo con lo que deseaba hacer, ellos me permitieron no solo lograrlo, sino también manejar el desafío emocional que implica tratar de alcanzar una meta. Mi familia me ayudó con sus recursos, con sus experiencias e incluso con sus ejemplos. Ellos me enseñaron a relacionarme mejor con las personas, a lidiar con situaciones nuevas y aprendí a transitar los buenos y malos momentos. Hoy sé que tengo equipo, que no estoy sola y que siempre puedo sumar a más personas para lograr lo que deseo".

MÓNICA, maestra de kínder.

EJERCITO EL CAMBIO

Ahora nos centraremos en las personas que nos rodean y con las que colaboramos con mayor frecuencia.

1. Haz una lista de las personas con las que tienes mayor contacto, relación y colaboración.

2. Agrúpalas en familia, amigos, compañeros de trabajo y conocidos.

3. A cada una de las personas, califícalas del 1 al 10 en base a las siguientes preguntas. Ten en cuenta que 10 es la calificación máxima positiva y 1 la calificación mínima negativa. Te recomiendo que utilices una hoja por cada persona, en donde anotes las preguntas y la calificación que le otorgas por pregunta.

a. ¿Es jugador de equipo?

b. ¿Transmite seguridad y confianza a la gente que está a su alrededor?

c. ¿Genera tranquilidad y calma en las personas cercanas?

d. ¿Brinda autonomía y respeto a los roles de los demás?

e. ¿Apoya y adopta con facilidad la diversidad?

f. ¿Estimula y desarrolla las capacidades de los demás?

g. ¿Fomenta la humanización y personalización de la gente a su alrededor?

h. ¿Generalmente se encuentra bien y listo para la misión?

i. ¿Se le pueden delegar tareas sin problemas?

Este ejercicio te permite obtener un vistazo rápido sobre la madurez en la orientación a la tarea y la capacidad de autorresponsabilizarse de la gente con la que generalmente colaboras o en la que puedes apoyar tu causa. Con estos puntajes puedes identificar fácilmente qué áreas necesita trabajar cada uno y empezar a establecer acciones conjuntas para llegar al 10 en cada caso.

Puedes realizar este ejercicio cada 3 o 4 meses y comparar cada año cómo fue el desarrollo con cada persona en los diferentes grupos.

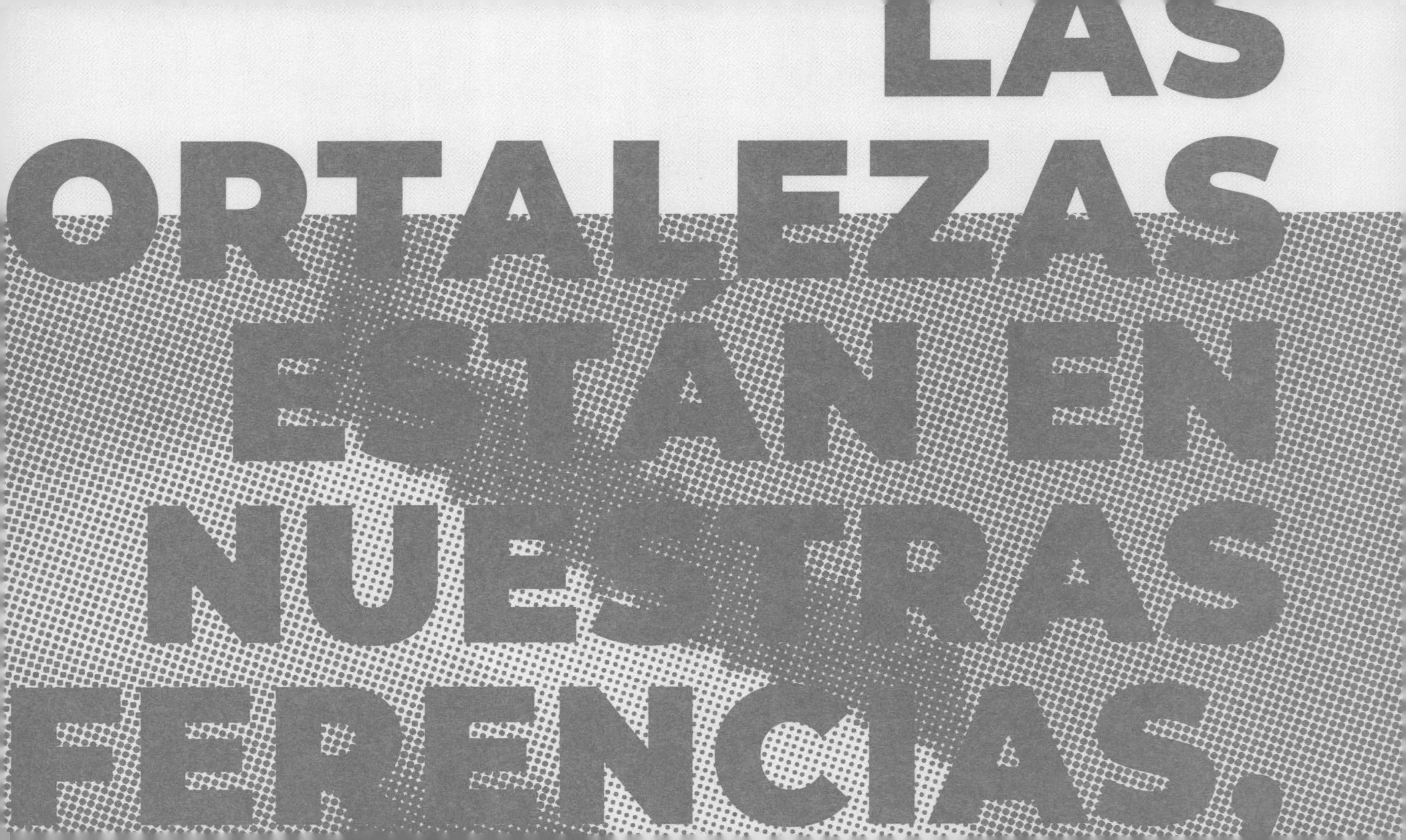
LAS
ORTALEZAS
ESTÁN EN
NUESTRAS
FERENCIAS,

“LAS FORTALEZAS ESTÁN EN NUESTRAS DIFERENCIAS, NO EN NUESTRAS SIMILITUDES”.
STEPHEN COVEY

Las experiencias y aprendizajes que verdaderamente nos hacen fuertes a lo largo de la vida nacen gracias a nuestra capacidad de aceptar otras ideas, de permitirnos adquirir nuevas formas de hacer las cosas, de probarlas y mejorarlas.

Colaborar y crecer con personas afines a nosotros, con gustos, intereses y perspectivas similares, nos brinda seguridad, compañía y confianza, nos da pertenencia y nos hace fuertes. Pero, a veces, nos sentimos tan bien, tan plenos y capaces en circunstancias controladas, que nos olvidamos de la importancia de lo diferente para encontrar nuevas experiencias, retos, soluciones e ideas. El aprendizaje más significativo, las experiencias más desafiantes y las nuevas oportunidades se encuentran en aquellas personas que son totalmente diferentes a nosotros, que hacen, explican y entienden algo desde una posición, perspectiva y abordaje distinto al nuestro.

CAP 9

MI PROPIO TEST

KIT ESENCIAL

1. Programa fechas concretas para evaluar tus metas. No permitas que el ritmo diario te atrape sin darte cuenta.

2. Diversifica tus actividades del día. Los problemas o retos complejos consumen mucha energía, recursos, carga emocional y atención.

3. En ocasiones podrás pensar que has llegado demasiado lejos. Evalúa si ese es realmente tu límite.

4. A veces el cansancio o la frustración podrán confundirte. Antes de tomar una decisión, valora primero tus opciones.

5. **CONSEJO:** las zonas de confort, estancamiento y éxito pueden ser muy parecidas. Analízalas con resultados, no con emoción.

USO MIS RECURSOS

EVALÚA. Date la oportunidad de quitarle la carga emocional a la palabra "evaluación" y otórgate el beneficio estratégico de mejorar a partir de medir lo que haces. Una de tus herramientas más importantes es valorar en tiempo y forma el avance de lo que te has propuesto, así como la utilización de los recursos que has dispuesto en esa tarea. Un ejercicio de autoevaluación te brindará una visión realista sobre lo que has logrado, lo que falta y lo que podrás cambiar.

Dedica cinco minutos al día para revisar detalles generales. Por ejemplo, "¿cuánto dinero gasté en el día y en qué?" o "¿qué cosas dejé pendientes?". Una vez que domines los primeros minutos, aumenta el tiempo y los puntos a revisar. Y lleva un registro para que puedas tener un historial.

DESARROLLO INTEGRAL

No es tarea fácil evaluar objetivamente cómo ha sido nuestra vida; todo lo que hemos hecho en ella. Tenemos experiencias, emociones y sentimientos que, como viaje en montaña rusa, nos han acompañado con altas, bajas, pérdidas y ganancias. Todo lo vivido tiene su particular momento y circunstancia, que nos hizo tomar decisiones y establecer ciertas ideas o creencias.

Por eso, a veces puede ser complicado no solo hacer una evaluación, sino también pensar en la posibilidad de hacerlo. Entonces nos preguntamos: "¿para qué analizo algo que ya no puedo modificar?", "¿qué utilidad puede tener revivir emociones o sentimientos pasados? Y así generamos una resistencia natural ante la posibilidad de reavivar emociones y sentimientos que fueron significativos en su momento y que, quizá, no fueron agradables.

Respecto de esto, tenemos que saber que no evaluar es igual a abrirle la puerta a la repetición de acciones o pensamientos que en el pasado no nos fueron tan funcionales y que, aunque no queramos mirar, siguen ahí con la posibilidad de hacerse presentes.

El acto de evaluar también implica una proyección a futuro. No todo tiene que ser hacia el pasado. De hecho, justamente, una de las líneas que te recomiendo que evalúes en tu desarrollo personal es que te preguntes:

lo que has hecho en el pasado, ¿cómo te está impactando en el presente y qué estás haciendo para el futuro?

Al evaluar cada uno de los objetivos que te propones en la actualidad, puedes mirarlos desde una perspectiva de tiempo y pensar qué hiciste en ocasiones similares, qué puedes hacer para repetir esto en el futuro y qué te podría ayudar hoy para tener mejores oportunidades después.

Debes darte la chance de analizar cada plan actual respecto a su impacto en tus diferentes momentos en el tiempo. Por ejemplo, pensando: ¿en qué momento de tu vida te has sentido más capaz?, ¿por qué lo piensas así?, ¿qué acciones de tu pasado evitarías si tuvieras la oportunidad?, ¿qué podrías realmente hacer hoy para no tener que preocuparte en el futuro?, y ¿qué esperas para hacerlo?

Para evaluar lo que sucede en tu vida, tienes que desarrollar la capacidad de ver las situaciones de forma integral. Cada acción que realices, cada pensamiento que te acompañe, cada emoción que se esté convirtiendo en sentimiento, es necesario que se relacione de manera integral con estos tres aspectos clave de tu vida:

1. **Tu desarrollo personal:** todo lo que tiene que ver con tu persona, tu historia, gustos, relaciones, amores, familia, amigos, deseos; todo lo que eres tú en esencia.

2. **Tu capacidad de creación, construcción y transformación:** no importa lo que hagas, cómo lo hagas o para qué. Todo lo que salga de ti tiene que ayudarte a ser mejor, saberte mejor y hacerte mejor. Tiene que animarte a explorar tus ideas,

capacidades, habilidades de crear, construir y transformar, y hacerte sentir que eres capaz.

3. **Tu desarrollo profesional y laboral:** aquí se incluyen las acciones que te ayuden a ser mejor en tu trabajo o en lo que haces con otros, aun cuando no lleven al límite tus capacidades (para ello es importante trabajar el punto 2) pero te faciliten los recursos necesarios para estar bien y crecer paulatinamente.

Cada una de las decisiones de tu vida oriéntalas para que te permitan satisfacer casi por igual los tres puntos anteriores. Con ello empezarás a lograr uno de los retos más importantes del ser humano: alcanzar un punto de equilibrio y balance que brinde ventanas más amplias de estabilidad y certeza psicológica. A veces, estamos tan concentrados en uno de esos escenarios que descuidamos involuntariamente los otros. Por eso nos sentimos incompletos, fragmentados o rotos.

La evaluación como hábito de vida no solo te ayudará a mejorar y realmente llegar a la meta. También fortalecerá tu persona, expandirá tus límites y te ayudará a romper barreras respecto a lo que eres capaz de hacer.

Identificar si estás progresando como deseas o podrías, en cada uno de tus objetivos, siempre será un desafío. Para ello, comienza con las siguientes cuatro preguntas como ejercicio de autoanálisis:

1. **¿Estoy avanzando lo suficiente?** Esta pregunta combina tanto la parte emocional como práctica de un objetivo. Puedes sentir que estás avanzando con todo, pero tienes que validarlo contra lo que estás obteniendo o lo que habías planteado en tus metas iniciales. No es suficiente sentir que estamos avanzando, si los resultados esperados no se están dando.

2. **¿En comparación con qué?** Es importante tener un punto de comparación sobre el avance de tus objetivos. Puedes apoyarte de las siguientes preguntas: ¿estás avanzando comparado con lo que habías hecho antes?, ¿estás avanzando comparado con lo que deseabas lograr?, ¿estás avanzando en comparación a lo que otros han logrado antes?

3. **¿En qué estoy avanzando?** Debes identificar puntualmente qué objetivos, metas o condiciones están cambiando respecto al punto partida.

4. **¿Para qué estoy avanzando?** Examina qué estás logrando verdaderamente con tus avances o cambios. Refuerza el análisis de por qué es importante para ti una meta o un cambio y valida durante el proceso que siga siendo así.

Otra pregunta que podría ayudarte a responder si es suficiente lo que estás avanzando, sería: ¿cuánto movimiento sientes que estás generando a partir de lo que haces actualmente? Veámoslo así, la perspectiva psicológica de avanzar se acompaña con la combinación de emociones y pensamientos relacionados con ganar, crecer, cambiar, moverse, accionar y transformarse. Cuando eres consciente de que estás avanzando, realmente estás aceptando y comunicando para ti y para tu entorno que estás generando condiciones de movimiento que, en determinado punto, deberán traducirse en resultados positivos o a favor de lo que deseas y consideras importante.

Pero también es cierto que, a veces, aunque haya mucho movimiento, caemos en círculos viciosos o sin fin en donde, por mucho que hagamos, el resultado no se alcanza. Por eso recalco la importancia de ser estratégicos pero también juiciosos, para evaluar cómo estamos en los puntos intermedios y cuál es la calidad de nuestro avance.

¿Qué evaluar cuando no estamos acostumbrados a ello?, ¿por dónde empezar? Bien, para eso te presento las 6 R "seis erres", las cuales te servirán para poder tener puntos de partida sobre qué medir.

Debes responder con honestidad y compromiso, y tomarte un momento para poder registrar todo lo que sea importante respecto del objetivo de vida que estás anhelando.

- **R 1: Realidad.** Debe responder a la situación de lo que estás haciendo hoy y el para qué. ¿Realmente estás haciendo algo que te hace sentir realizado?, ¿estás haciendo dieta y ejercicio para estar en forma y saludable?, ¿estás ahorrando para tu curso del año entrante?, ¿estás cambiando la forma en la que te relacionas con tu pareja?

- **R 2: Resultados.** ¿Qué resultados estás obteniendo de lo que estás haciendo hoy?, ¿cuál es el verdadero avance de tus objetivos?, ¿podrás instalar ese negocio que deseas en un año?, ¿estás logrando el avance laboral que pensabas?, ¿has aumentado las calificaciones?

- **R 3: Recursos obtenidos y gastados.** ¿Has ganado dinero con lo que estás haciendo?, ¿te sientes satisfecho con lo obtenido hasta el momento?, ¿es suficiente para lo que deseas hacer en un año?, ¿ya tienes el auto que deseabas?, ¿ya tienes esa computadora tan necesaria para tu trabajo?

- **R 4: Relaciones creadas y abandonadas.** ¿Has aumentado la gente que te puede ayudar a lograr tus metas?, ¿has hecho nuevos amigos?, ¿ya terminaste esa relación tóxica?, ¿frecuentas nuevos lugares, con nuevas personas?, ¿has fortalecido tus lazos familiares?

- **R 5: Rapidez de adaptación al cambio y apropiación de la situación.** **¿Te cuesta mucho trabajo hacer algo nuevo?, ¿te sigue dando miedo hacer algo para lo que te has preparado, pero no has puesto a prueba?, ¿ya te permites tomar la iniciativa?, ¿te sientes más seguro si accionas rápidamente?**

- **R 6: Ritmo y calidad de vida.** ¿Lo que estás haciendo te permite tener calidad de vida?, ¿puedes trabajar y descansar por igual?, ¿el tiempo invertido en las actividades en las que te involucras te ayuda a estar y ser mejor?, ¿te pasas la vida corriendo y sientes que no tienes espacios de ocio?

Al trabajar y responder cada una de las 6 R podrás dimensionar si realmente estás teniendo progresos significativos, que sean duraderos y te ayuden en el futuro. Pero además servirán de herramienta adicional para identificar y establecer nuevas acciones o ideas que te permitan generar ese movimiento necesario de cualquier avance.

Mi recomendación es que evalúes tus 6 R, como mínimo, cada dos meses. Eso te permitirá tomar el control de lo que está pasando con tu vida, y podrás realmente ser franco sobre si estás avanzando y en comparación con qué.

Nunca olvides que solo puedes comparar tu crecimiento contigo mismo. Todo lo demás podrá servir de guía, inspiración, ejemplo o modelo, pero tú eres el único que podrá determinar qué tanto está creciendo tu vida, en comparación con el coraje y la acción para vencer tus propios límites.

ESTANCAMIENTO O MOVIMIENTO

La zona de confort es un espacio que vive en el imaginario social y psicológico de las personas, y que utilizamos para referirnos al hecho de que estamos muy cómodos con lo que hay y tenemos, como para vernos en la necesidad de tener que luchar, avanzar o dar un extra. Lo relacionamos también con la ley del menor esfuerzo; "cuanto menos tenga que hacer, mejor". Y esto, invariablemente, nos lleva a estancarnos y dejar de accionar por nuestros sueños.

En muchas ocasiones llegamos a nuestra zona de confort por estrés, ansiedad, por el síndrome de *burn out*, el desgaste e incluso falta de dirección. Esto nos lleva a tener un nivel de desempeño muy por debajo del promedio. Otras veces nos atrapa la rutina y la repetición sistemática de las actividades diarias y, no importa lo que hagamos, la zona de confort puede ser seductoramente peligrosa.

Por eso es muy importante evaluar constantemente lo que estamos haciendo, cómo nos sentimos con ello, y determinar si estamos avanzando a buen ritmo hacia las metas que decidimos como importantes para nuestra vida.

Para asegurarte de estar en movimiento, te propongo estos indicadores que te ayudarán a identificar qué tanto dinamismo estás generando en tu beneficio y en dónde tienes que poner atención y acelerar el ritmo. Los indicadores CREETE son los siguientes:

- **Crecimiento.** ¿Lo que estás haciendo te está ayudando a crecer?, ¿puedes crecer aún más de lo logrado hasta el momento?, ¿qué necesitas para poder crecer a partir de lo que haces ahora?, ¿cuál es tu crecimiento respecto a lo que tenías o hacías hace un mes? ¿Y hace un año?

- **Resultado.** ¿Es claro y realista lo que estás ganando?, ¿el resultado te beneficia directa o indirectamente?, ¿el resultado es favorable?, ¿por qué razón estarías haciendo actividades que no le aporten valor a tus objetivos?

- **Emoción.** ¿Sientes alegría o felicidad cada vez que realizas las actividades actuales?, ¿con qué frecuencia te sientes inquieto y emocionado por lo que pasará el día de mañana?, ¿te sientes tranquilo y en paz con lo que estás logrando?, ¿sientes que, de pronto, no encuentras alguna razón para motivarte?, ¿sientes nervios de afrontar nuevos retos?

- **Estancamiento.** ¿Actualmente estas generando condiciones para aprender nuevas cosas?, ¿sientes que llevas mucho tiempo tratando de lograr el objetivo pero no ves avances?, ¿por qué crees que no cumples tus metas?

- **Tiempo.** **¿Desde hace cuánto tiempo realizas las mismas actividades?, ¿hace cuánto tiempo que no inicias una tarea nueva?, ¿cuánto tiempo más necesitas para avanzar?, ¿tus tareas y actividades se están cumpliendo en los tiempos establecidos?**

- **Estrés.** Del 1 al 10, siendo 10 la calificación máxima, ¿qué tan estresado estás actualmente?, ¿sientes que le falta adrenalina a lo que estás haciendo?, ¿necesitas tiempo para descansar o para ti?, en caso de estar estresado: ¿estás usando ese estrés a tu favor?

Reflexionar acerca de los puntos anteriores te permitirá abordar de manera más directa y efectiva qué tanto estás moviéndote o estancándote en la situación y perspectiva actual. Ten en cuenta que trabajar a ritmos y cargas muy extenuantes no es sinónimo de estar avanzando. La rutina puede atraparte en círculos viciosos en los que puedes caer fácilmente y, aunque siempre aceleres, si no hay dirección, solo lograrás quemar tus recursos.

La zona de confort puede parecer difícil de abandonar pero, al final de cuentas, no deja de ser un estado mental que puede empezar a modificarse a partir de conductas diferentes. Para ello, equilibra tus pensamientos y sentimientos con acciones reales que te ayuden a crecer.

LAS PREGUNTAS INDICADAS

Ya incorporamos en este capítulo varias preguntas eje para que generes tu propio test. A continuación, aporto otras que pueden ayudarte a ser aún más preciso:

- **¿Cuáles son las barreras que te han impedido mejorar algunos aspectos de tu vida?**
- **Cuando has estado dentro de la zona de confort, ¿qué te ha funcionado para salir de ahí?**
- **¿En qué aspectos has crecido en los últimos dos años de tu vida?**
- **¿Qué experiencias calificarías como las más exitosas y desafiantes que has vivido hasta ahora?**
- **¿Qué te faltaría para dar ese gran paso y crecer?**

COMPARTO MI EXPERIENCIA

"Cuando supe que estaba embarazada de mi primera hija comencé a hacerme preguntas que no había considerado antes, como '¿seré una buena madre?, ¿he logrado lo suficiente para poder educarla?, ¿por dónde empiezo a prepararme?'. Y, en general, todas las preguntas que me estaba haciendo, tenían que ver con lo que había logrado hasta ese momento, los ajustes que debería hacer para su desarrollo y el mío, y lo que deseaba para esta nueva etapa de mi vida.

Poco a poco me encontré haciéndome preguntas cada vez más precisas sobre los pasos a seguir. Esto, con el paso del tiempo, me sirvió para mejorar la forma de abordar los nuevos retos, desafíos y objetivos de mi vida. Puedo compartir que la mejor enseñanza de esa etapa fue aprender a hacerme las preguntas correctas. Pasé de '¿qué quiero tener?' a '¿cómo lo voy a hacer verdaderamente posible?'".

SANDRA, enfermera.

EJERCITO EL CAMBIO

Retoma 3 de los objetivos que quieres evaluar. Por ejemplo: llegar puntualmente a tus citas, aumentar el valor de tus calificaciones, asistir al gimnasio, etc. Y, para cada uno de ellos, establece de forma clara:

1. Fechas: señala el periodo de tiempo que será evaluado. Por ejemplo, de enero a diciembre, y compáralo con el mismo periodo de tiempo del año pasado. Puedes identificar las diferencias preferentemente con una escala numérica.

2. Personas: determina las personas que tienen que ver o se relacionan con esa meta. Escoge también a una persona que sirva de apoyo y soporte para lograrlo, así como para impulsarte o recordarte algunos puntos que por la prisa puedes dejar de lado.

3. Medios o recursos de la evaluación: analiza cómo vas con el objetivo. Evalúa tu meta a través de una libreta, una aplicación, un recordatorio o un programa de computadora.

4. Registro y resguardo: pregúntate dónde vas a registrar la evaluación para su posterior seguimiento y análisis. Esto te sirve para resguardar en el tiempo tus avances de forma histórica pero, a la vez, para que puedas tener siempre presente el escalón en el que estás.

5. Escalas de 1 a 10: para poder tener una visión rápida de cómo vas y cómo te sientes, puedes asignarle una calificación a tus autoevaluaciones, para saber cuánto has avanzado.

“NO TENDREMOS MEJORES CONDICIONES EN EL FUTURO SI ESTAMOS SATISFECHOS CON TODO AQUELLO QUE TENEMOS EN LA ACTUALIDAD”.

THOMAS ALVA EDISON

Los escenarios y situaciones que vivamos en el futuro están relacionados con nuestro presente. Todo lo que hacemos hoy tiene su impacto en la forma que viviremos más adelante. Si actualmente te sientes satisfecho, sin la necesidad o inquietud de buscar más retos, está bien, pero siempre será recomendable que te des la oportunidad de preguntarte: “en este momento estoy bien y a gusto conmigo, pero, ¿bastará lo que tengo en el presente para lo que quisiera o podría tener en el futuro?”. Hacer este tipo de reflexión puede ayudarte a evitar una posible necesidad de cambio no prevista. Además, te ayuda a autoevaluar tu satisfacción personal, laboral o profesional. Las personas estamos diseñadas social y psicológicamente para soñar, lograr y crecer.

CAP 10

GENERO CAMBIOS EXITOSOS

KIT ESENCIAL

1. Todo cambio que realices en tu vida debe tener como finalidad ayudarte a crecer.

2. Recuerda que los cambios no son parte del éxito, son su base de desarrollo.

3. Desde el día uno rodéate de gente positiva e historias de éxito y cambio que te inspiren.

4. Aprovecha las experiencias de personas que alcanzaron el éxito antes que tú.

5. **CONSEJO:** si ya existe la determinación en ti, no pares hasta asegurarte de que tu cambio sea exitoso.

USO MIS RECURSOS

TRANSFORMA. Visualízate como una persona capaz de tomar las cosas que se presentan en tu vida y utlizarlas a tu favor. No importa lo que sea ni como llegue, entrénate para encontrar la mayor y mejor utilidad de todo lo que se presente ante ti. Enfoca todos tus recursos para interpretar, cambiar y transformar en tu beneficio cualquier situación o experiencia. No importa si es un reto, un desafío, un obstáculo o una situación inesperada, todo lo puedes enfocar hacia tu favor, de acuerdo a cómo te prepares y decidas a hacerlo.

Transformar es tu herramienta más poderosa, pero también se puede convertir en un estado de arte y de vida en el momento en el que cambias el enfoque con el que te conduces ante las situaciones diarias. Y aunque a veces no puedas cambiar el sentido de una acción o experiencia, siempre podrás trabajar para cambiar la interpretación e intención.

TRANSFORMA

EL CAMBIO COMO PILAR DEL ÉXITO

No existen reglas determinadas sobre la relación entre cambiar y obtener resultados exitosos. Sin embargo, sí existen hechos y pensamientos que nos pueden ayudar a reflexionar sobre cómo nos relacionamos y vivimos diariamente con nuestra capacidad de cambiar y lograr lo que nos proponemos:

1. **En la vida todo cambia.** El punto de partida que debemos considerar antes de elaborar un plan, ponernos una meta o establecer un objetivo es que existe una alta probabilidad de que, en el transcurso, algo de lo planeado o pensado originalmente pueda cambiar. Anticipar la posibilidad de que las cosas, personas, recursos, relaciones y situaciones puedan ser un poco o muy diferentes a lo considerado inicialmente, es justo el primer paso para convertir el cambio en herramienta de éxito. Si todo cambia, yo tendría que prepararme lo mejor posible para cuando eso suceda o, mejor aún, ¿por qué no hacer yo mismo que las cosas cambien en mi beneficio?

2. **Aquellas personas que se adaptan mejor a los cambios tienen mayores probabilidades de salir exitosas de ellos.** Un cambio inesperado o

una situación que no veíamos venir, además de tomarnos por sorpresa, poco preparados o incluso distraídos, puede ponernos en situación de crisis, vulnerabilidad o desgaste emocional. Es por eso que trabajar en nosotros, anticipar lo que puede suceder e incluso convertirnos en generadores de cambios, nos puede ayudar a desarrollar y reconocer diferentes recursos y herramientas para avanzar. Cuando se presenta algo inesperado o no deseado, generalmente acostumbramos a resistirlo para que nos afecte lo menos posible. **Pero podemos aprender a generar resiliencia (capacidad del ser humano de identificar sus propios recursos y habilidades en situaciones de crisis, para usarlos en su favor y superar esos momentos adversos) y tener mayores probabilidades de éxito.** Entre más nos adaptemos a los cambios y nuevos desafíos, tendremos más capacidad de salir victoriosos de ellos.

3. **Las personas que participan activamente en generar cambios a su alrededor no solo logran sus metas, las logran con éxito.** ¿Te has preguntado qué pasa con las personas que no solo responden a los cambios, sino que además son generadoras de ellos? Veámoslo así, son tantas las metas y desafíos que tenemos que vivir a diario, que podríamos acostumbrarnos a creer que la vida se trata de ser muy buenos respondiendo y adaptándonos a todo lo que se nos presenta. Pero entonces ¿cómo puedes tener más participación y control sobre lo que te

pasa?, ¿qué hacen las personas que tienen mayor éxito en lo que se proponen? Justamente eso, son generadoras de cambios. Entienden que entre más se dediquen y trabajen para generar transformaciones, no solo establecen posibilidades de éxito, sino que además se están preparando constantemente para saber cómo responder mejor a lo que se presente. Reconocen que participar activamente de los cambios en la vida, no solo es necesario, sino que es el pilar del éxito presente y futuro.

Eres el actor principal de tu vida, con sus cambios, éxitos y fracasos.

CONSULTA A PERSONAS EXITOSAS

El éxito y los cambios que transforman vidas están más cerca de lo que pensamos. No se trata solo de admirar a personas famosas que parece que han logrado todo en su vida. Es muy probable que, como yo, tú también identifiques gente a tu alrededor que es digna de destacar y que te ha dado algún ejemplo o enseñanza.

Esas personas se han visto en la oportunidad de abrazar el cambio para alcanzar lo que desean. Han logrado dejar de ser espectadores para participar activamente en su beneficio, el de los suyos y el de su entorno.

Pero entonces, si están tan cerca de nosotros, ¿cómo las identificamos? Y sobre todo, ¿cómo las abordamos?

Pregúntate, además, qué podrías aprovechar, considerar y usar de sus experiencias en tu favor, con estos simples pasos:

1. **Identificarlas y reconocerlas.** Es muy probable que tengas muchas experiencias con gente que seguramente ha sabido conquistar éxitos y superar cambios. Puede ser de tu misma familia, amigos, compañeros de trabajo, vecinos o incluso un conocido. Entre tantas personas, es probable que haya muchos casos de superación. Identifica a alguien que te gustaría conocer más para aprender acerca de sus logros.

2. **Acercarnos un poco más.** La gente que está acostumbrada a trabajar para obtener resultados exitosos, muchas veces, está abierta a escuchar y conocer personas nuevas, aun y cuando parezca que su agenda o tiempo se los impediría. Dos pasos importantes aquí serían: primero tratar de conocer más de la persona con este enfoque: ¿qué es lo que hace para tener éxito?, ¿cómo logra superar los cambios?, ¿cómo genera cambios?, para después, ya con un poco más de información, tratar de elaborar con mayor precisión lo que quisiéramos preguntarle.

3. **Preguntar y aprender.** Intenta que cada pregunta sea una puerta poderosa para obtener información útil. Por ejemplo: "cuando la gente a tu alrededor no te apoyó para lograr tu meta, ¿qué te hizo continuar? o ¿qué te impulsa a ir por más después de haber

logrado un objetivo?”. Lo importante aquí es preguntar y aprender. Estamos conociendo qué hace esa persona que, según nuestra opinión, es un buen ejemplo y guía.

4. **Dialogar y pedir consejo.** Conforme vayamos afianzando la relación, conociendo más y entendiendo mejor, podemos pasar de las preguntas a las propuestas. Al final de cuentas, se trata de que nosotros vayamos cambiando en el proceso. Por ejemplo: “tú lograste conseguir este resultado de esta forma, ¿qué opinas si yo intentara lograrlo de esta otra manera?, ¿funcionaría?, ¿no crees que podríamos ser más exitosos si cambiamos este proceso?”. En esta parte del dialogo ya te asumes capaz de generar propuestas y resultados exitosos.

5. **Mantenerlas cerca.** Si ya logramos la atención, confianza y consejo de una persona que considerábamos exitosa y ejemplar, debemos encargarnos de mantenerla cerca. Hacerlo no solo nos dará un buen amigo o colega, sino también alguien que posiblemente pueda apoyarnos en momentos clave, que todavía no hayamos considerado.

LOS OTROS Y MI ÉXITO

Son muchos los elementos, habilidades, recursos o actitudes que nos pueden ayudar a tener los resultados que deseamos. Es así que, de acuerdo a la situación y objetivo, podemos tomar algunos y prescindir de otros. En ocasiones, tendremos que poner toda la energía y ser muy tolerantes. Habrá momentos para poner a prueba todo nuestro conocimiento sobre un tema o, incluso, sacar nuestra mejor capacidad de comunicación.

Pero definitivamente, uno de los componentes que debemos considerar siempre son las personas. Sin importar si son muy cercanas o no a nosotros. Nunca pierdas de vista que, para que algo suceda, siempre se requerirá de la participación y consideración de otros. Más aún cuando se buscan cambios importantes o resultados exitosos. Y no importa lo preparados, decididos, determinados o enfocados que podamos ser. Todo eso es y será útil en el momento en el que nos conectemos adecuadamente con las personas correctas.

La forma en la que vamos relacionándonos con otras personas es fundamental para ir estableciendo no solo vínculos útiles, sino también, aliados emocionales, colaboradores estratégicos, personas de soporte. Y, sobre todo, guías, maestros y espejos que, desde diferentes perspectivas, nos brinden la oportunidad de tener un mejor conocimiento sobre lo que podemos hacer y cómo lo estamos haciendo.

Así como el cambio es un pilar no negociable para crecer y ganar, entender la importancia de los otros en mi éxito es fundamental para poder acceder a conocimientos, recursos y experiencias infinitas. Estos solo serán posibles en el momento en el que nos permitimos y entrenamos para relacionarnos mejor.

Como una fórmula matemática: las personas similares o iguales a las que siempre tenemos cerca, resultarán en soluciones y perspectivas iguales. Pero las personas diferentes y nuevas, resultarán en otras perspectivas, resultados y experiencias. Y no significa que tengamos que buscar siempre lo diferente, pero sí una forma diferente de relacionarnos con la gente que ya forma parte de nuestra vida.

Es importante que tengas muy presente que las personas de éxito no son aquellas que se destacan del resto, sino las que saben relacionarse muy bien y buscan beneficios mutuos con la gente a su alrededor: con sus iguales, con sus compañeros, amigos, familiares.

Siempre llegará más lejos un grupo de personas diferentes, que una sola persona excepcional. El increíble secreto no está en tratar de hacer la diferencia, sino con la diferencia hacer lo increíble.

No lograrás más éxitos cuando encuentres a las personas adecuadas para tu vida y tus objetivos, sino cuando tú te conviertas en la persona adecuada para la vida de otros.

LAS PREGUNTAS INDICADAS

Para esta parte final de tu entrenamiento pero inicial de tu cambio personal y profesional, te invito a que reflexiones, respondas y regreses siempre a estas preguntas:

- **¿Cuándo fue la última vez que generaste un cambio exitoso en tu vida?**
- **¿Qué tan cerca estás hoy de las metas y objetivos que consideras importantes para tu vida?**
- **Los últimos cambios de tu vida ¿te están ayudando o los puedes transformar en beneficio de tus metas?, ¿cómo?**
- **¿Cuáles fueron las dos últimas personas que conociste y cómo sumaron a tu desarrollo personal y profesional?**
- **¿Cuándo fue la última vez que ayudaste a alguien a generar cambios exitosos en su vida?**

COMPARTO MI EXPERIENCIA

"Durante mis estudios universitarios me hice, en repetidas ocasiones, la misma pregunta: ¿cuál es el aprendizaje más importante que me llevaré de la universidad? Y tuve más de una respuesta: conocer y relacionarme con personas diferentes, descubrir que podía realizar cosas que no imaginaba que existían, saber cómo actúo cuando estoy demasiado feliz o estresado, buscar soluciones donde parecía que no había posibilidad e, incluso, definir mejor mi futuro profesional. Pero, de todas las experiencias y aprendizajes, el más significativo y, a veces, más duro fue entender que las cosas siempre cambian y que tengo que estar preparado para cuando eso suceda. De esa forma, puedo tener una participación más activa, para que los cambios a mi alrededor me ayuden a lograr los resultados exitosos que estoy buscando. Desde mi perspectiva actual, si ya sé que todo cambia, en ocasiones me pongo cómodo y disfruto de lo que está pasando o he logrado. Pero no me detengo demasiado tiempo en una situación o momento porque, cuando hago eso, automáticamente dejo de crecer, de aprender y de comprometerme. Hoy sé que todos los cambios exitosos en mi vida me han tenido a mí como protagonista, de principio a fin".

OMAR, ingeniero.

EJERCITO EL CAMBIO

Vamos a poner en práctica dos compromisos concretos y muy enfocados para todas las actividades que realices a partir de ahora.

El primero: "Me comprometo a realizar, de principio a fin, todo lo que me proponga de ahora en adelante".

¿Por qué? Muchos de los cambios que queremos hacer en nuestra vida son buenos y tienen un buen arranque pero, a lo largo del tiempo, la energía, decisión o recursos pueden ir disminuyendo. Eso jamás deberá ser excusa para no terminar lo que empezaste y, sobre todo, para no hacerlo bien.

¿Qué hacer? Dos cosas: la primera, evaluar lo mejor posible lo que deseas lograr e identificar cuándo, cómo y con quién lo harás. Esto impedirá que inicies cosas que no se relacionan con lo que quieres, además de evitar hacerlas en el momento menos adecuado. La segunda, si ya lo iniciaste, asegúrate de terminarlo. Ten en cuenta que por algo empezaste a realizar una actividad, por algo era importante para ti. Y ya dedicaste tiempo y recursos para ello. Muchas veces, generar cambios exitosos tiene más que ver con el compromiso que con el deseo.

¿Cómo ejercitarlo? Vuelve a tu lista de objetivos y recuerda que todas las acciones o metas que te has propuesto deben tener una fecha de realización. Aquí deberás acostumbrarte a ir cerrando las actividades para no dejar tareas pendientes.

El segundo: "Me comprometo a compartir o hacer partícipes a otras personas de mis objetivos y metas".

¿Por qué? Ningún cambio exitoso que hagamos en nuestra vida lo lograremos solos. Por lo que podemos sacar provecho de esto y establecer, desde el principio, la forma de incluir en nuestra meta a la gente que nos pueda ayudar, acompañar o guiar en el proceso.
¿Qué hacer? Primero: identificar qué persona o personas pueden apoyarnos, motivarnos o acompañarnos en el camino. Segundo: definir el tipo de participación que podrá tener esa persona. Tercero: platicar con ella y ver si puede hacerlo, para iniciar nuestra meta. Puede ser una pareja, un amigo, un maestro, un familiar, algún especialista; alguien que pueda sumar a tu objetivo, aún y cuando no tenga que participar directa o activamente. Así involucras a otros, compartes tu éxito y hablas de tus desafíos.
¿Cómo ejercitarlo? En las metas y objetivos que están vigentes, identifica qué personas están relacionadas con tus sueños y comparte activamente lo que es importante para ti. Si estás por arrancar un objetivo nuevo, establece desde el principio qué compartir con tu equipo y cómo hacerlo.

CONTINUO
ECIMIENTO
EVERANCIA,
PALABRAS,
OMEJORA,

“SIN CONTINUO CRECIMIENTO Y PERSEVERANCIA, PALABRAS COMO *MEJORA, LOGRO* Y *ÉXITO* NO TIENEN SIGNIFICADO”.

BENJAMIN FRANKLIN

Involucrarnos en los objetivos, metas y resultados que esperamos obtener, nos ayudará a que aumente la probabilidad de que se den tal como deseamos. Pero comprometernos, perseverar y ajustar lo necesario, puede ayudarnos no solo a lograrlos, sino también a obtenerlos con el mejor éxito.

La combinación ganadora entre cambio y éxito se produce en el momento en el que decidimos hacer más de lo necesario o establecido, y cuando nuestro nivel de perseverancia y crecimiento están enfocados no solo en alcanzar un sueño, sino en lograrlo como nunca antes.

EPILOGO

EPÍLOGO

¡Felicidades!, ¡lo has logrado!, has llegado al momento en el que después de reflexionar, ejercitar y planear, por fin pondrás en práctica todo lo aprendido para aventurarte hacia una serie de cambios que te ayuden a construir tus éxitos presentes y futuros.

Sé que no ha sido fácil y que has tenido que sortear varias resistencias internas y externas, pero ambos sabemos que ahora las preguntas no son acerca de si debes o puedes cambiar. Eso ya lo sabes. Las nuevas preguntas están enfocadas en situaciones estratégicas y de verdadera transformación.

Aquí empiezas a construir tu mirada a largo plazo para priorizar las metas y objetivos que vas a trabajar para tu futuro. Recuerda, repasa y usa cada recurso, experiencia y herramienta adquirida durante la lectura. Eso te ayudará a ser cada vez más preciso al momento de definir las acciones que realizarás para alcanzar tus sueños.

Siempre ten presente que, sin importar adónde te dirijas a partir de hoy, tú ya diste el primer paso, el de prepararte lo mejor posible para generar cambios exitosos en tu vida. **En el momento en el que abriste este libro, lograste lo que muchas personas anhelan toda su vida y pocas logran: romper los mitos, creencias y barreras que impiden su desarrollo y realización personal y profesional.**

Ahora es tu turno de guiar tu propio avance y de ser la inspiración de aquellos que te rodean. Recuerda que siempre estás soltando y cambiando algo. En cada decisión que tomas, sueltas y recibes al mismo tiempo.

No te detengas. ¡Sigue transformándote!

NO TE DETENGAS ¡SIGUE TRANSFORMÁNDOTE!

BIBLIOGRAFÍA

- **BEN-SHAHAR, Tal.** (2013). *La búsqueda de la felicidad*. México: Alienta Editorial.
- **BROWN, Brené (2015).** *Más fuerte que nunca*. México: Urano.
- **CYRULNIK, Boris (2001).** *Los patitos feos*. México: Gedisa.
- **DRUCKER, Peter F.** (1996). *La administración en una época de grandes cambios*. México: Debolsillo.
- **FERRER, Juan.** (2014). *Gestión del cambio*. México: LID Editorial.
- **HEMMI, Matti.** (2016). *Te atreves a soñar*. España: Conecta.
- **KOTTER, John P.** (2007). *Al frente del cambio*. España: Empresa Activa.
- **PLASENCIA VILCHIS, María Luisa.** (2019). *Psicología Positiva: construye tu camino*. España: Caligrama.
- **SELIGMAN, Martin. E. P.** (2018). *El circuito de la esperanza*. Madrid: Penguin Random House.

A
GRA
DE
CI
MIEN

AGRADECIMIENTOS

Todo cambio en nuestra vida se hace posible cuando transformamos las oportunidades en realidades y cuando encontramos el apoyo y guía de otras personas. En mi caso, son muchas las personas a quienes agradezco su apoyo y presencia en diferentes momentos y, en particular, quiero reconocer a quienes se han empeñado en impulsarme siempre:

A todas y todos los que me siguen en mi carrera profesional y a quienes creen en mí. Pero, sobre todo, a aquellos que han aprendido a creer en ellos.

A mi familia AMERSE, que sin ellos mucho de lo logrado no hubiera sido posible.

A Germán, mi estratega de cabecera que me animó a realizar el cambio profesional más importante de mi vida.

A Haydeé y Abraham, que sin quererlo se convirtieron en los motores precisos para emprender el vuelo.

A mis amigos Luis, Manuel, Carlos y Juan, los mejores cómplices que la vida pudo darme.

A Tesoro, mi compañera, cómplice, maestra y guía, por atreverse a hacer equipo conmigo.

A mi mamá y hermano, pilares incondicionales en mis aciertos y desaciertos.

Y gracias a ustedes, porque hoy puedo compartir con muchas más personas la posibilidad realista de generar cambios y construir sus propios éxitos.

¡TU OPINIÓN ES IMPORTANTE!

Escríbenos un e-mail a
miopinion@vreditoras.com
con el título de este libro
en el "Asunto".

Conócenos mejor en:
www.vreditoras.com
VREditorasMexico
VREditoras